Cuaderno de práctica
Grado 3

Harcourt School Publishers

www.harcourtschool.com

Printed in the United States of America

ISBN 10: 0-15-368463-1
ISBN 13: 978-0-15-368463-0

1 2 3 4 5 6 7 8 9 10 862 16 15 14 13 12 11 10 09 08

Contenido

Giros y piruetas

Rubí, la imitadora 1–8

El día que Eduardito
conoció a la escritora 9–16

Las escuelas alrededor del mundo........ 17–24

Astronauta Ellen Ochoa 25–32

Teatro leído: Noticias de la escuela....... 33–44

Mi amigo Babe Ruth 45–52

Aero y el oficial Miguel 53–60

Los animales también hablan.............. 61–68

Sopa de piedra 69–76

Teatro leído: El caso
del desayuno de los tres osos.............. 77–88

La más querida 89–96

Las cartas de Max 97–104

Crece un árbol................................. 105–112

Un agujero en un árbol................... 113–120

Teatro leído: Pregúntale
a los expertos 121–132

A descubrir maravillas

Lon Po Po 133–140

Dos ositos 141–148

El tío Romi y yo................................. 149–156

Mediopollito 157–164

Teatro leído: Entre bastidores
con Cristóbal y Casandra 165–176

El hielo de la Antártida 177–184

A la señora murciélago le
fascina la oscuridad........................ 185–192

Ensenada de los Castaños 193–200

Ramona empieza el curso 201–208

Teatro leído: Los robotiperros
de Villa Verde.................................. 209–220

La telaraña de Carlota 221–228

Las arañas y sus telarañas 229–236

La feria de ciencias.......................... 237–244

Los planetas.................................... 245–252

Teatro leído: Viaje a través
del sistema solar 253–264

Índice.. 265–266

Nombre _____

▶ Lee las palabras de ortografía. Escribe cada palabra en el grupo que corresponda.

Sílaba cerrada terminada en –n

1. _____

2. _____

3. _____

4. _____

5. _____

Sílaba cerrada terminada en –l

6. _____

7. _____

8. _____

9. _____

Sílaba cerrada terminada en –r

10. _____

11. _____

12. _____

13. _____

14. _____

Sílaba cerrada terminada en –s

15. _____

Palabras de ortografía

1. anda
2. alto
3. este
4. once
5. onda
6. urge
7. alzó
8. arco
9. arde
10. arma
11. arte
12. algo
13. alba
14. unta
15. inca

 **La escuela y la casa**

Pida al estudiante que le ayude a escribir una lista con las palabras de ortografía que comienzan con a . Pídale que separe las sílabas de cada palabra.

1

Cuaderno de práctica

Nombre _____

▶ **Lee el cuento. Después, encierra en un círculo la letra que corresponda a la respuesta más adecuada para cada pregunta.**

Maribel y Teresa jugaban en el jardín frondoso de Maribel casi todos los días. A Maribel le gustaba quitarse los zapatos y correr descalza. Teresa siempre le advertía sobre eso.

—Ten cuidado —le decía—. Podrías pisar una piedra puntiaguda o un trozo de vidrio.

—No te preocupes —le respondía Maribel—. No me pasará nada. Un día, después de jugar, Maribel se puso nuevamente sus zapatos.

—¡Ay! —gritó. La mamá de Maribel vino corriendo para ayudarla. Rápidamente, quitó un aguijón del talón de Maribel.

—Había una abeja en tu zapato —le dijo a Maribel. Maribel dejó de llorar por un minuto.

—¿Lo ves? —le dijo a Teresa. "Correr descalza es seguro. ¡Lo peligroso es correr con zapato!

1. ¿Cuál es el escenario del cuento?

  A el comedor

  B la casa de Maribel

  C la biblioteca

  D el jardín de Maribel

> **Sugerencia**
> ¿Qué palabras te ayudan a indicar cuándo y dónde comienza la acción?

2. ¿Quién es el personaje principal del cuento?

  A Maribel

  B una maestra

  C una abeja

  D un par de zapatos

> **Sugerencia**
> Recuerda que el personaje principal generalmente es el que tiene un problema.

3. ¿Quién es un personaje secundario del cuento?

  A un paseador de perros

  B Teresa

  C la Sra. Hamilton

  D Maribel

> **Sugerencia**
> Recuerda que un personaje secundario es uno que interactúa con el personaje principal.

La escuela y la casa

Pida al estudiante que seleccione dos o tres palabras del cuento. Luego, ayúdelo a comprender lo que significan. Escriban juntos una oración con cada palabra.

2

▶ **Lee las palabras del recuadro. Escribe las palabras en la columna que corresponda.**

alto	onda	alba	arma	urge
arde	este	inca	arco	unta
arte	anda	algo	alzó	once

Palabras que comienzan con *a*	Palabras que comienzan con *i*	Palabras que comienzan con *o*	Palabras que comienzan con otra vocal
1. _____	1. _____	1. _____	1. _____
2. _____		2. _____	2. _____
3. _____			3. _____
4. _____			
5. _____			
6. _____			
7. _____			
8. _____			
9. _____			

La escuela y la casa

Escriba las siguientes palabras en una hoja de papel: *alto, arte, isla* y *untó*. Pida al estudiante que separe cada palabra en sílabas.

▶ **De las seis palabras del vocabulario del recuadro, selecciona la que corresponda a cada grupo de palabras.**

coincidencia	agradable	imitar
murmuró	lustradas	recitó

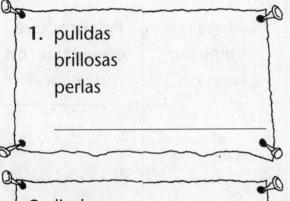

1. pulidas
   brillosas
   perlas
   _____

2. lindo
   sonrisa
   bueno
   _____

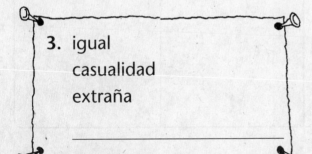

3. igual
   casualidad
   extraña
   _____

4. memorizó
   dijo
   en voz alta
   _____

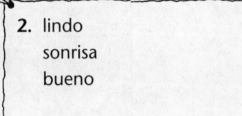

5. repetir
   copiar
   representar
   _____

6. en voz baja
   dijo
   tímido
   _____

Inténtalo

Di una palabra del vocabulario a algunos de tus compañeros. Pídeles que seguidamente digan la primera palabra que se les venga a la mente.

La escuela y la casa

Pida al estudiante que nombre algo que alguna vez haya recitado. Luego, pida al estudiante que describa alguna coincidencia que haya experimentado.

4

▶ Completa el organizador gráfico a medida que leas "Rubí, la imitadora". Cada vez que descubras un personaje nuevo, escribe su nombre. Además, escribe cada escenario. Cuando hayas terminado, responde las preguntas que aparecen a continuación.

Personajes	Escenario

1. ¿Quién es el personaje principal del cuento?

   _____

2. ¿Dónde transcurre la mayor parte del cuento?

   _____

3. ¿Quiénes son los otros dos personajes además del personaje principal?

   _____

4. ¿Dónde termina el cuento?

   _____

5. Escribe un resumen del cuento en una hoja de papel aparte. Usa la información del organizador gráfico para guiarte.

▶ **Observa la lista de palabras de ortografía.
Después, escribe cada palabra debajo de la
sección del abecedario que corresponda:**
Comienzo, Medio o *Final.*

**Palabras de
ortografía**

ABCDEFGH Comienzo	IJKLMNOPQR Medio	STUVWXYZ Final

1. anda
2. alto
3. este
4. once
5. onda
6. urge
7. alzó
8. arco
9. arde
10. arma
11. arte
12. algo
13. alba
14. unta
15. inca

La escuela y la casa

Pida al estudiante que escriba cinco de sus
comidas favoritas. Después, pregúntele si cada
una iría al comienzo, al medio o al final del
abecedario.

6

Cuaderno de práctica
© Harcourt • Grado 3

Nombre _____

▶ **Forma palabras con las sílabas del recuadro.**
Después busca las palabras en la sopa de letras.
Hay seis palabras para encontrar.

Sílabas	
1. ar	ge
2. ur	te
3. al	la
4. is	ga
5. an	pa

Sopa de letras

a	e	l	t	r	a	p	e	r	h	a	p	s
r	p	o	u	r	g	e	e	r	u	z	m	c
p	e	w	i	e	f	n	e	r	k	f	c	a
a	z	c	u	r	c	u	a	r	t	e	o	n
e	n	p	i	s	l	a	s	e	o	p	r	t
r	e	j	x	s	p	u	n	k	p	s	n	e
h	p	e	n	c	i	e	e	d	l	s	e	k
a	l	g	a	s	n	z	l	u	l	g	i	e

 La escuela y la casa

Revise cada palabra con el estudiante. Comente
sus significados. Después pídale que seleccione
tres palabras y escriba una oración con cada
una.

7

Nombre _____

▶ **Agrega los signos de puntuación que faltan
en cada oración. Luego rotula cada oración
declarativa o *interrogativa*.**

1. _____ Dónde está el maestro _____   _____

2. _____ No me gusta saltar _____   _____

3. _____ Cuándo corre Anita _____   _____

4. _____ Quién conoce al señor Wang _____   _____

5. _____ Nosotros jugamos en el césped _____   _____

▶ **Vuelve a escribir cada grupo de palabras para formar una oración
declarativa o interrogativa. Ordena las palabras de manera que
tengan sentido. Usa correctamente las mayúsculas y los signos de
puntuación.**

6. al yo voy parque (oración declarativa)

_____

7. dónde vas hacia (oración interrogativa)

_____

8. Guillermo pelota la lanza (oración declarativa)

_____

9. jugar sabe Carlos tenis (oración declarativa)

_____

10. jugar al sabes fútbol (oración interrogativa)

_____

La escuela y la casa

Trabaje con su hijo para escribir dos oraciones
interrogativas acerca de su familia y dos
oraciones declarativas que las respondan.

8

Cuaderno de práctica
© Harcourt • Grado 3

Nombre _____

▶ **Lee las palabras de ortografía. Escribe las palabras en el grupo que corresponda.**

Palabras con *pr*

1. _____

2. _____

3. _____

Palabras con *br*

4. _____

5. _____

6. _____

7. _____

Palabras con *tr*

8. _____

9. _____

10. _____

11. _____

Palabras con *cr*

12. _____

13. _____

14. _____

15. _____

Palabras de ortografía

1. premio
2. presentó
3. aprender
4. bravo
5. brisa
6. abrigo
7. breve
8. crema
9. cruzan
10. recreo
11. trabajo
12. pupitre
13. estrellas
14. escritora
15. traslado

La escuela y la casa

Ayude al estudiante a escribir una lista con otras palabras que tengan la combinación de consonantes *pr, br, cr, tr*. Comenten la manera correcta de escribirlas. Verifiquen la ortografía de cada palabra en el diccionario.

9

Nombre _____

▶ **Lee el cuento. Encierra en un círculo la letra que corresponda a la respuesta más adecuada para cada pregunta.**

Marisa quería sorprender a su madre. Iba a pintar un cuadro sobre un trozo de madera. "¿Qué color usaré?", pensó.

En un armario encontró cubos y más cubos de pintura. Había azul, amarillo, rojo y todo otro color que se le ocurriera. "¡Usaré todos los colores!", se dijo a sí misma. Marisa comenzó a pintar. Los colores húmedos se mezclaban entre sí. Su pintura era un desastre. ¿Qué podía hacer?

Justo en ese momento, su madre llegó a casa. Llorando, Marisa dijo:
—Quería hacerte un regalo especial.

Su madre le dijo: —Marisa, tu regalo es especial. Y eso es porque tú lo hiciste. ¡Parece un nuevo tipo de arco iris! Gracias por tu esfuerzo.

Marisa sonrió. Luego ayudó a su madre a colgar el trozo de madera en la pared, donde podían verlo todos los días.

1. ¿De quién se trata mayormente el cuento?

Sugerencia
¿Quién es la persona más importante del cuento?

A de la madre de Marisa

C de cubos de pintura

B de un arco iris

D de Marisa

2. ¿Cómo se siente el personaje al final del cuento?

Sugerencia
Las palabras y las acciones del personaje principal te indican cómo se siente.

A feliz

C triste

B enojado

D confundido

3. ¿Cuál es el escenario del cuento?

Sugerencia
¿Dónde ocurre la mayoría de los sucesos del cuento?

A una pinturería

C la casa de un amigo

B la casa de Marisa

D la escuela de Marisa

La escuela y la casa
Pregunte al estudiante cómo podría mejorar el cuento. Genere ideas sobre otros personajes y escenarios posibles.

10

Nombre _____

▶ **Forma palabras agregando *pr* o *br* al inicio de
las letras que están en el recuadro. Luego escribe
cada palabra que formaste en la columna correcta.**

pr	br

-azo -ado   -illo   -osa -edicado -ota -egunta
-inco   -esa   -imero

Palabras con *pr*	Palabras con *br*

La escuela y la casa

Pida al estudiante que una las combinaciones
pr y *br* al comienzo de la palabra *-oponer*.
Pídale que indique la combinación que forma
una palabra real y la que forma una palabra
sin sentido.

11

Cuaderno de práctica
© Harcourt • Grado 3

▶ Completa los recuadros con los personajes, el escenario y los sucesos del cuento a medida que leas "El día que Eduardito conoció a la escritora".

Sección 1 páginas 58–59

Personajes: Eduardito

_____

Escenario:

_____

Primero: Todos están emocionados por

_____

A continuación:

_____

Sección 2 páginas 64–65

Después:

_____

Sección 3 páginas 72–73

Por último:

_____

▶ Usa la información de esta gráfica para escribir un resumen de "El día que Eduardito conoció a la escritora". Escribe el resumen en una hoja de papel aparte.

▶ **Lee cada pregunta y la palabra de vocabulario rico subrayada. Escribe una oración para responder a cada pregunta.**

1. Si fueras a una <u>asamblea</u>, ¿verías poca o mucha gente reunida?

   _____

2. Mi hermanito no se <u>atrevió</u> a gritar mientras el doctor le ponía la vacuna. ¿Gritó o no gritó?

   _____

3. Si un cantante te <u>autografió</u> un CD, ¿cantó su nombre o lo firmó?

   _____

4. La Srta. Jones debe <u>despedir</u> a la clase a las tres en punto. ¿Crees que quedará mucha gente o que no quedará nadie a las tres y media?

   _____

5. Si debo hacer un cuadro multicolor con <u>retazos</u> de papeles, ¿usaría tiras o hojas completas de papel?

   _____

6. Si llevas <u>bastante</u> comida a un *picnic*, ¿significa que habrá o que no habrá suficiente comida?

   _____

Inténtalo

Di una palabra de vocabulario a un compañero. Pídele que la use en una oración.

La escuela y la casa

Pida al estudiante que haga una representación dramática de las palabras *atrevió* y *autografiar*. Pídale que demuestre cómo la maestra debe *despedir* a la clase.

13

▶ **Coloca las palabras de la lista de palabras de ortografía en orden alfabético. Se han completado palabras en el comienzo, en el medio y al final para ayudarte.**

abrigo

_____

_____

_____

_____

escritora

_____

_____

_____

_____

traslado

Palabras de ortografía

1. premio
2. presentó
3. aprender
4. bravo
5. brisa
6. abrigo
7. breve
8. crema
9. cruzan
10. recreo
11. trabajo
12. pupitre
13. estrellas
14. escritora
15. traslado

La escuela y la casa

Pida al estudiante que escriba dos palabras que comiencen con las tres mismas letras, por ejemplo, *parque* y *partido*. Después, pídale que escriba las dos palabras en orden alfabético.

14

Nombre _____

▶ **Une las combinaciones de consonantes *pr, br, cr,
tr* de la fila 1 con los finales de palabra de la fila 2
para formar palabras. La primera palabra ya está
formada como ejemplo.**

Fila 1
pr   br   cr   tr

Fila 2
-agó   -incos   -imavera   -ato   -udo   -uma   -epa   -esente   -aje   -uce

1. _____ **tragó** _____

2. _____

3. _____

4. _____

5. _____

6. _____

7. _____

8. _____

9. _____

10. _____

La escuela y la casa
Pida al estudiante que seleccione tres de las
palabras y las use en oraciones.

15

Cuaderno de práctica
© Harcourt • Grado 3

Nombre _____

▶ **Si la oración es completa, agrega los signos de puntuación que correspondan. Si no es una oración completa, escribe *No es una oración*.**

1. _____ Mi padre es escritor _____

2. _____ Cuánto le gusta escribir _____

3. _____ Cómo puedo ayudarlo en su trabajo _____

4. _____ Sobre lo que puede escribir _____

5. _____ Lee su último libro _____

6. _____ Vaya, está buenísimo _____

▶ **Agrega palabras y los signos de puntuación para formar cuatro tipos de oraciones. Todas las oraciones ya tienen la primera palabra.**

7. una oración declarativa

_____ Tú _____

8. una oración imperativa

_____ Trae _____

9. una oración exclamativa

_____ Qué _____

10. una oración interrogativa

_____ Qué _____

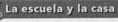
La escuela y la casa

Trabaje con el estudiante para escribir una oración interrogativa y una oración imperativa acerca de la ciudad donde viven. La oración imperativa debe estar relacionada con la interrogativa.

16

▶ **Lee las palabras de ortografía. Escribe cada palabra en el grupo que corresponda.**

Palabras con *ia*

1. _____

2. _____

3. _____

4. _____

5. _____

Palabras de ortografía

1. mustia
2. primaria
3. viajar
4. hacia
5. varias
6. limpieza
7. caliente
8. ambiente
9. especie
10. comienzan
11. edificio
12. radio
13. cansancio
14. periodista
15. espacio

Palabras con *ie*

6. _____

7. _____

8. _____

9. _____

10. _____

Palabras con *io*

11. _____

12. _____

13. _____

14. _____

15. _____

La escuela y la casa

Trabaje con el estudiante para hacer una lista de palabras con *ia, ie, io*. Pídale que encierre en un círculo las vocales mencionadas anteriormente.

Cuaderno de práctica
© Harcourt • Grado 3

Nombre _____

▶ **Lee la siguiente portada. Después, escribe las respuestas a las preguntas.**

Animales que ladran y maúllan:
Cómo cuidarlos

Brianna X. Fieldman
Jefe de veterinarios del Hospital de animales de Oakland

Harcourt

Orlando   Nueva York   Chicago   Dallas   Londres

1. ¿De qué crees que se trata este libro?

_____

_____

2. ¿Qué nos dice sobre el libro la información acerca de la autora? Explica tu respuesta.

_____

_____

_____

3. ¿Cuál es el nombre de la editorial? ¿En cuántas ciudades tiene oficinas la editorial?

_____

_____

La escuela y la casa

Observe con el estudiante la portada de otro libro escolar. Pídale que le nombre la editorial y las autoras del libro.

18

Nombre _____

▶ **Busca diez palabras con *ia, ie, io* en la sopa de letras. Las palabras pueden estar en forma horizontal o vertical. Encierra en un círculo las palabras que encontraste y escribe una oración con cada una de ellas.**

o	h	u	d	i	m	l	v	i	a	j	e
p	i	a	n	o	e	l	i	l	v	i	s
u	s	t	i	e	m	u	o	t	i	e	t
g	t	a	j	k	o	v	w	z	a	m	u
k	o	a	s	u	r	i	a	c	d	p	d
a	r	v	a	r	i	a	d	o	o	r	i
l	i	m	p	i	a	x	e	b	r	e	a
o	a	c	a	r	i	c	i	a	a	w	o

1. _____

2. _____

3. _____

4. _____

5. _____

6. _____

7. _____

8. _____

9. _____

10. _____

La escuela y la casa

Trabaje con el estudiante para escribir cinco palabras más con *ia* en una hoja de papel.

19

► **Responde cada una de las preguntas sobre el vocabulario.**

1. Si estoy interesado en <u>determinada</u> lectura, ¿importa qué libro escoja?

   _____

   _____

   _____

2. Si fueras a comentar sobre la <u>cultura</u> de tu familia, ¿de qué podrías hablar?

   _____

   _____

3. Cuando trabajas con un <u>tutor</u>, ¿cómo te ayudaría esa persona?

   _____

   _____

4. ¿Cuál es una de las <u>tareas</u> que realizas en casa?

   _____

5. ¿Qué tipo de trabajadores usan <u>uniformes?</u>

   _____

6. ¿Que <u>recursos</u> necesitarías para sembrar flores?

   _____

Inténtalo

Escoge una palabra de vocabulario y escribe una oración con ella. Luego, di la oración sin mencionar la palabra de vocabulario y pídele a un compañero que repita la oración completa con la palabra correcta.

La escuela y la casa

Pida al estudiante que escriba tres oraciones con las palabras de vocabulario que aparecen en esta página.

20

▶ Usa la gráfica para organizar la información del relato "Alrededor del mundo: las escuelas". Escribe el título en el primer recuadro. Escribe los encabezamientos en los recuadros que están justo debajo del título. Escribe las ideas principales en los recuadros debajo de cada encabezamiento.

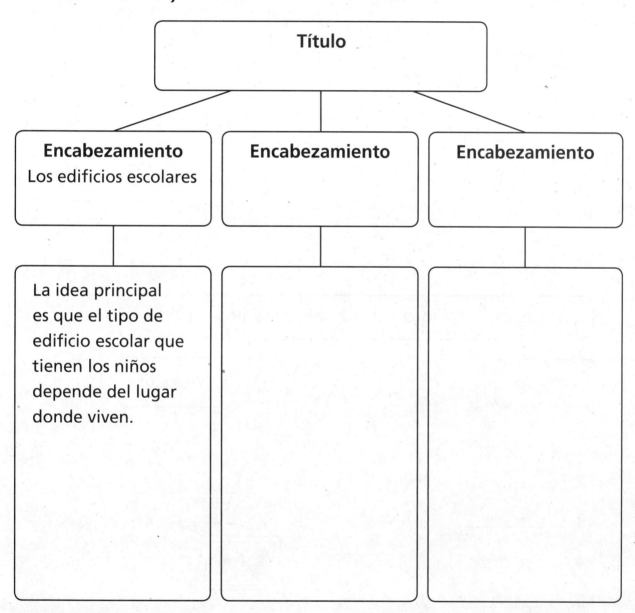

Título

Encabezamiento
Los edificios escolares

Encabezamiento

Encabezamiento

La idea principal es que el tipo de edificio escolar que tienen los niños depende del lugar donde viven.

▶ Usa la información de la gráfica anterior para escribir un resumen de la lectura en una hoja de papel aparte.

Cuaderno de práctica
© Harcourt • Grado 3

Nombre _____

▶ **Lee las palabras de cada recuadro. Escribe las palabras en orden alfabético entre las palabras guía.**

| esperanza especie especia estrella espacio |

| espacio | | estrella |

1. _____

2. _____

3. _____

4. _____

5. _____

| ruiseñor rabioso riachuelo radio ruido |

| rabioso | | ruiseñor |

1. _____

2. _____

3. _____

4. _____

5. _____

La escuela y la casa

Ayude al estudiante a crear una página del diccionario seleccionando cinco palabras y colocándolas en orden alfabético. Luego, pídale que encierre en un círculo las palabras guía.

22

▶ **Ordena las letras de manera que formen una palabra y escríbela en el espacio en blanco. Cada palabra debe tener una combinación *ia, ie* o *io*. Después escribe una oración con cada palabra que formaste.**

1. arife　　➡　_____

_____

2. anopi　　➡　_____

_____

3. eloci　　➡　_____

_____

4. edomi　　➡　_____

_____

5. obiti　　➡　_____

_____

6. odime　　➡　_____

_____

7. onige　　➡　_____

_____

8. ascigra　　➡　_____

_____

_____

La escuela y la casa

Pida al estudiante que lea en voz alta las
oraciones y que separe en sílabas las palabras
con *ia, ie, io.*

Cuaderno de práctica
© Harcourt • Grado 3

Nombre _____

▶ **Agrega un sujeto completo a cada predicado. Luego subraya el sujeto simple. Recuerda que el sujeto debe concordar con el predicado de la oración.**

1. _____ fue a la escuela.

2. _____ comieron el almuerzo.

3. _____ hicieron su presentación sobre el escenario.

4. _____ es de ladrillos.

5. _____ comenzaron a trabajar desde temprano.

6. _____ llegó justo a la hora.

▶ **Agrega un predicado completo a cada sujeto. Después subraya el predicado simple. Recuerda que el predicado debe concordar con el sujeto de la oración.**

7. Un maestro de arte _____.

8. Mis padres _____.

9. La escuela _____.

10. Los cansados bebés _____.

11. Las enfermeras _____.

12. El bateador del equipo _____.

 La escuela y la casa

Trabaje con el estudiante para escribir dos oraciones acerca de su ciudad o localidad. Dígale que encierre en un círculo el sujeto simple y que subraye el predicado simple en cada una de ellas. Verifiquen que el sujeto y el predicado concuerdan.

Cuaderno de práctica

Combinaciones de consonantes
pl, bl, cl, fl
· · · · · · · · · · · · ·
Lección 4

Nombre _____

▶ **Lee las palabras de ortografía. Escribe las palabras en el grupo que corresponda.**

Palabras con *pl*

1. _____

2. _____

3. _____

4. _____

Palabras con *bl*

5. _____

6. _____

7. _____

8. _____

Palabras con *cl*

9. _____

10. _____

11. _____

Palabras con *fl*

12. _____

13. _____

14. _____

15. _____

Palabras de ortografía

1. plaza
2. plomo
3. plátano
4. ejemplo
5. tabla
6. público
7. blanda
8. habló
9. clase
10. aclarar
11. clavo
12. camuflar
13. flauta
14. flota
15. flamenco

La escuela y la casa

Con el estudiante, haga una lista de objetos y animales del vecindario cuyos nombres contengan las combinaciones *pl, bl, cl* y *fl*. Pídale que separe las palabras silábicamente en voz alta, aplaudiendo una vez por cada sílaba, y que comente la ortografía correcta de cada palabra.

25

► Usa la página del Contenido para responder las preguntas. Escribe tus respuestas en los renglones.

La historia del espacio
Contenido

Capítulo	Página
Introducción	
1. ¿Por qué estudiar el espacio?. . . .	3
2. ¿Quién estudia el espacio?.	8
3. El espacio en la antigüedad	15
4. El espacio en la Edad Media. . . .	24
5. La era espacial.	47
Glosario	58
Índice	60

1. ¿Cuál es el título del cuarto capítulo?

   _____

2. ¿Cuál es el título del capítulo que comienza en la página 3?

   _____

3. ¿En qué página comenzarías a leer "El espacio en la antigüedad"?

   _____

4. ¿Cuál es la primera página del Índice?

   _____

5. ¿Cuál es el título del segundo capítulo?

   _____

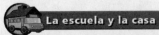
La escuela y la casa

Genere ideas con el estudiante sobre los posibles temas que se podrían tratar en el capítulo 1: "¿Por qué estudiar el espacio?".

Cuaderno de práctica
© Harcourt • Grado 3

Nombre _____

▶ **Encierra en un círculo la palabra correcta con la combinación de consonantes *pl* o *bl* y úsala en una oración.**

1. problema   proplema   ploblema

_____

2. blanificar   planificar   paniflicar

_____

3. blatillo   patlillo   platillo

_____

4. plosibe   posible   blosibe

_____

5. platicar   blaticar   patlicar

_____

6. estaplo   establo   estlabo

_____

7. comestiples   comestlibes   comestibles

_____

8. planeta   panetla   blaneta

_____

La escuela y la casa

En una hoja, escriba *doblado*, *doplado* y *dlobado*. Pida al estudiante que identifique la ortografía correcta. Luego pídale que escriba una oración con esta palabra.

27

▶ **Escribe la palabra de vocabulario del recuadro
que corresponde a cada significado.**

| solicitar | desilusionada | invención |

1. _____ descontenta con el resultado de algún suceso

2. _____ pedir o buscar algo que se necesita

3. _____ algo nuevo que alguien hace o crea

▶ **Responde estas preguntas sobre las palabras de vocabulario del
recuadro.**

| talento | investigaciones | dominar |

1. ¿Qué podría hacer una persona que tiene talento musical?

   _____

2. ¿En qué parte de la escuela podrías realizar investigaciones?

   _____

3. Cuando puedes dominar un sentimiento, ¿significa que lo puedes

   controlar o que no lo puedes controlar?

   _____

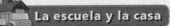

La escuela y la casa

Comente con el estudiante los significados
de las palabras de vocabulario que no
comprenda. Luego, pida al estudiante que
escriba una definición para cada palabra.

28

Cuaderno de práctica
© Harcourt • Grado 3

▶ **A medida que leas "Astronauta Ellen Ochoa"
presta atención al orden en que se relatan los
sucesos y completa el organizador gráfico.**

Los primeros años	
En la escuela	
En la edad adulta	

Nombre _____

▶ **Observa la página del diccionario de muestra y responde las preguntas. Escribe tus respuestas en los renglones.**

docena   **drenar**

docena *sustantivo* conjunto de doce cosas

dragón *sustantivo* **1** animal fabuloso de figura de serpiente que echa fuego por la boca **2** embarcación deportiva **3** planta ornamental

drama *sustantivo* **1** obra literaria de asunto triste **2** suceso triste y conmovedor

dramático *adjetivo* **1** relativo al drama **2** teatral **3** capaz de conmover

drástico *adjetivo* riguroso, enérgico

drenar *verbo* **1** desecar, quitar el agua de un lugar **2** facilitar la salida de líquidos de una herida

1. ¿A qué categoría gramatical pertenece la palabra *docena*?

   _____

2. ¿Cuántas definiciones nos da este diccionario para la palabra *dramático*? _____

3. Lee la oración: *La señora colocó el dragón en una maceta nueva.* ¿Qué definición de *dragón* se usa en esta oración? _____

4. ¿Qué palabra significa "conjunto de doce cosas"?

   _____

5. Escribe una oración con la palabra *drenar*. _____

   _____

Nombre _____

▶ **Escribe la palabra correcta de acuerdo a las pistas dadas. Después tacha las tres sílabas que forman la palabra que escribiste. Con las sílabas restantes podrás formar una palabra que ayuda a "ver mejor".**

an	ra	ma	ri	cla	do	je	ma	ble
go	flo	ta	dad	bli	re	flo	om	cla
mo	ro	cla	a	re	ye	plu	dor	pla

1. Una persona con quien da gusto conversar es _____.

2. Cuando un barco no se mueve de su lugar está _____.

3. El nombre del recipiente que contiene las flores

   es _____.

4. Una camisa de manga corta y sin cuello es una _____.

5. Lo tenemos en el medio de la barriga y se llama

   _____.

6. Para no hundirnos en la piscina o en el mar, usamos un

   _____.

7. El pavo real es conocido por tener un hermoso _____.

8. Si no estoy de acuerdo y me opongo a algo, entonces

   hago un _____.

9. La palabra que ayuda "a ver mejor" es _____.

🚒 **La escuela y la casa**

Pida al estudiante que lea las palabras con combinaciones de consonantes *pl, bl, cl* y *fl*. Después pídale que diga la combinación de consonantes que tiene cada una.

Cuaderno de práctica
© Harcourt • Grado 3

► **Agrega un sujeto o predicado compuesto para completar cada oración.**

1. _____ estudiaron arte.

2. Los atletas _____ .

3. El estudiante de música _____ .

4. _____ tomaron clases de baile.

5. El actor _____ .

6. _____ miraban las estrellas.

► **Vuelve a escribir cada oración. Subraya una vez cada sujeto compuesto y dos veces cada predicado compuesto. Escribe la coma donde corresponda.**

7. El jugador de fútbol corría chuteaba, y goleaba.

_____

8. El ejercicio el descanso, y las comidas sanas forman un nadador fuerte.

_____

_____

9. Rosa su hermana, y su hermano eran buenos estudiantes.

_____

10. Los científicos escribieron un libro ganaron un premio, y dieron una

conferencia.

_____

_____

La escuela y la casa

Trabaje con el estudiante para escribir una oración sobre su día de escuela que tenga un sujeto compuesto, y luego otra oración con un predicado compuesto.

Nombre _____

▶ **Parte A. Lee las oraciones. Encuentra la palabra con el patrón silábico VC/CV en cada oración. Escribe la palabra en el espacio debajo de cada oración.**

1. A Irma le encanta bañar a su perro Rufo.

   _____

2. Raquel alzó su mano para responder a la maestra.

   _____

3. En la competencia escolar, Ana saltó más alto

   que los demás.

   _____

4. Ante la pregunta de Miguel, la maestra se asombró.

   _____

5. Miguel optó por tomar clases de piano todos los lunes.

   _____

▶ **Parte B. Escribe un cuento corto. Usa las palabras que encontraste en la parte A.**

_____

_____

_____

_____

_____

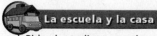

La escuela y la casa

Pida al estudiante que lea su cuento en voz alta. Después pídale que diga otras tres palabras con el patrón silábico VC/CV.

Cuaderno de práctica

© Harcourt • Grado 3

Nombre _____

▶ **Lee el cuento. Busca las palabras con
combinaciones de consonantes *pr, br, cr* o *tr*.
Escribe las palabras en la columna que corresponda.**

Ayer en la tarde, me sentí un poco aburrido. Me senté y miré por la
ventana de mi cuarto, esperando que algo sucediera. Estaba mirando
fijamente hacia la calle, cuando de repente un niño apareció de un brinco
con el perro más extraño que jamás haya visto. Salí para ver mejor lo que
me había causado tanto asombro.

El niño me miró y cruzó la calle. —Éste es Cremito y yo soy
Francisco —dijo—. Mañana tenemos una gran presentación —agregó.

Miré nuevamente a su perro. —¿Acaso es un perro artista?
—pregunté. Justo en ese momento su singular acompañante hizo un
ruido que sonó como "oinc".

—¡Ah, no! Es el espectáculo de la feria del estado. Mi compañero es
un cerdo! —contestó el niño.

Mientras Francisco y el cerdo seguían su camino, pensé que mi calle
no era tan aburrida después de todo.

pr	br	cr	tr

La escuela y la casa

Pida al estudiante que identifique la sílaba
con la combinación de consonantes *pr, br, cr,
tr* que tienen las palabras *atrasado, labrador,
predicado, crecer.*

Cuaderno de práctica
© Harcourt • Grado 3

Nombre _____

▶ **Encierra en un círculo la palabra con
ia, ie o *io*. Después sepárala en sílabas y
subraya la sílaba con *ia, ie* o *io*.**

1. patria   patata   resbala   _____

2. cala   rabia   sola   _____

3. bello   genio   tino   _____

4. silla   villa   ciego   _____

5. pero   pito   pieza   _____

6. violín   carmín   feliz   _____

7. Alicia   revisa   desliza   _____

8. tren   viernes   sed   _____

9. inicio   rito   nota   _____

10. pelado   soldado   confiado   _____

La escuela y la casa

Pida al estudiante que seleccione una palabra
con *ia*, una con *ie* y otra con *io*. Pídale que
escriba una oración con cada una de estas
palabras.

35

Nombre _____

▶ **Lee las oraciones. Subraya la palabra con la combinación de consonantes *pl, bl, cl* o *fl*. Después escribe la palabra en el espacio en blanco.**

1. Mi nueva falda tiene blondas bordadas con hilo rosado.

   _____

2. Ahora puedo multiplicar por siete. _____

3. Felipe hizo un castillo con su juego de bloques.

   _____

4. El picaflor saca el néctar sin parar de volar.

   _____

5. La pequeña Clarita juega con su gato en el patio.

   _____

6. El globo está totalmente inflado. _____

7. Juan colgó su diploma en la pared. _____

8. La blusa azul de la vitrina tiene el precio más alto.

   _____

9. Gonzalo usa el martillo para fijar los clavos y armar su caja.

   _____

10. En el museo vimos una réplica de la torre Eiffel.

    _____

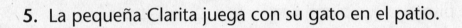
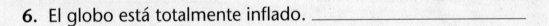

Nombre _____

▶ **Parte A. Lee las siguientes oraciones. Completa los espacios en blanco con una de las palabras de vocabulario del recuadro.**

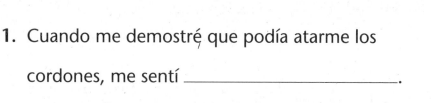

| televidentes | encubren | medios |
| independiente | camuflaje | obsequió |

1. Cuando me demostré que podía atarme los

   cordones, me sentí _____.

2. Ricardo y Nati buscaban insectos en el jardín. Revisaban debajo del

   tronco porque a veces ellos se _____ allí.

3. ¡Ese programa de televisión es muy divertido! Seguro que tiene

   muchos _____.

4. Cuando la chaqueta de Brenda le quedaba pequeña, su madre le

   _____ una nueva para su cumpleaños.

5. Un cactus posee los _____ para vivir mucho

   tiempo sin agua.

6. Clara usó un montón de ropa sucia como _____

   cuando se escondió en su cuarto desordenado.

▶ **Parte B. Escribe una oración con dos de las palabras de vocabulario anteriores.**

_____

_____

La escuela y la casa

Pida al estudiante que nombre en tres animales
diferentes que puedan sobrevivir en medios
desérticos.

37

▶ **Lee el cuento. Encierra en un círculo la letra que corresponda a la respuesta más adecuada para cada pregunta.**

El padre de Lina trabajaba muy duro para poder abrir un restaurante nuevo. Estaba nervioso y muy gruñón. Un día, Lina decidió levantarle el ánimo. Entró a escondidas en el restaurante con un ramo de flores que había recogido. Pensaba: "Las flores se verán muy bonitas sobre las mesas. Esto hará que papá se ponga contento".

Esa noche, a la hora de dormir, el padre de Lina se acercó para dar las buenas noches.—Dulces sueños, Lina —dijo. Apagó las luces y comenzó a cerrar la puerta.

—Buenas noches, papá —dijo Lina. Estaba desilusionada porque él no había notado las flores.

Entonces, su padre volvió a encender las luces. —Casi lo olvido —dijo mientras sacaba sonriendo una flor del bolsillo de su camisa—. ¡Prepararé un delicioso desayuno para los dos por la mañana!

1. ¿Quiénes son los personajes de este cuento?

   A Lina y su madre

   B un padre y un hijo

   C Lina y su padre

2. ¿Cómo sabes que el padre de Lina está contento al final del cuento?

   A Le sonríe a Lina y le dice que le preparará un desayuno delicioso.

   B Le dice "Buenas noches, Lina".

   C Él siempre está triste.

3. ¿Dónde transcurre el cuento?

   A en un cine

   B en un restaurante y en la casa de Lina

   C en la casa de un amigo

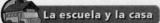

La escuela y la casa

Pida al estudiante que describa a Lina y que explique cómo sabe que Lina es así.

38

Nombre _____

▶ **Usa la *Edición del estudiante* para responder las preguntas. Escribe las respuestas en los espacios en blanco.**

1. Ve a la página 22 y observa la ilustración. ¿Qué crees que está sucediendo?

   _____

2. Mira la página del Contenido. ¿En qué página comienza "La maravilla del canto"?

   _____

3. Ve a la página 89 y observa las fotografías. ¿De qué piensas que se trata esta página?

   _____

4. Ve a la página 106 y observa las ilustraciones. ¿De qué crees que se trata el cuento?

   _____

5. Ve a la página 116 y observa el título. ¿De qué crees que se trata esta lectura?

   _____

6. ¿Cuál es la última página del cuento "Astronauta Ellen Ochoa"?

   _____

La escuela y la casa

Pida al estudiante que observe la imagen en la portada de la *Edición del estudiante* y que escriba un pie de foto que corresponda.

Cuaderno de práctica
© Harcourt • Grado 3

▶ **Completa las siguientes oraciones colocando las palabras entre ( ) en orden alfabético y escribiéndolas en los espacios en blanco.**

1. Para competir en la carrera debes ser capaz de _____

   dos millas, _____ 500 pies y _____ cinco

   millas. (nadar, pedalear, correr)

2. Máxima guarda su _____ sobre su cama y busca en el

   _____ su _____ .

   (pelota, muñeca, patio)

3. Anoche cenamos puré de _____ con

   _____ y _____ .

   (pollo, garbanzos, papas)

4. Agustín guarda en una _____ del jardín a su

   _____ , pero su _____ vive dentro

   de la casa.

   (conejo, gato, caja)

5. En el programa sobre la naturaleza no había _____ ,

   pero había _____ y _____ .

   (leopardos, lagartijas, leones)

6. Para llegar hasta Alaska desde la Florida deberías viajar en

   _____ o en _____ . Es demasiado lejos

   para llegar cómodamente en _____ . (avión, camión, auto)

La escuela y la casa

Escriban juntos los nombres de cinco personas que el estudiante conozca. Pídale que escriba los nombres en orden alfabético.

40

Nombre _____

▶ **Observa la página del diccionario de muestra y responde las preguntas.**

caza • celofán

caza *sustantivo* **1** acción de cazar **2** conjunto de animales salvajes antes y después de ser cazados

cazuela *sustantivo* **1** vasija de barro que sirve para guisar **2** guisado preparado con carne y legumbres

ceder *verbo* **1** dar, regalar *verbo* **2** rendirse

celeste *adjetivo* **1** del cielo *adjetivo* **2** de color azul claro

celofán *sustantivo* **1** papel transparente que se usa para envolver

1. ¿A qué categoría gramatical pertenece la palabra *ceder*? _____

2. ¿Cuántas definiciones nos da este diccionario para la

   palabra *caza*? _____

3. ¿Qué definición de *celeste* se usa en la siguiente oración? *Las estrellas*

   son cuerpos celestes. _____

4. ¿Cuántas sílabas tiene la palabra *celofán?* _____

5. ¿Qué palabra puede ser un objeto o una comida? _____

6. ¿Qué palabra tiene sólo una definición posible? _____

 La escuela y la casa

Pida al estudiante que le diga qué definición de *ceder* usaría alguien que describe la situación entre dos personas que discuten y no pueden llegar a un acuerdo.

Cuaderno de práctica
© Harcourt • Grado 3

▶ Dobla la hoja por la línea punteada. A medida que el maestro lea en voz alta cada palabra de ortografía, escríbela en el espacio en blanco. Después, desdobla la hoja y comprueba tu trabajo. Como práctica, escribe correctamente las palabras que escribiste con errores.

1. _____

2. _____

3. _____

4. _____

5. _____

6. _____

7. _____

8. _____

9. _____

10. _____

11. _____

12. _____

13. _____

14. _____

15. _____

Palabras de ortografía

1. este
2. arco
3. alba
4. once
5. presentó
6. abrigo
7. crema
8. estrellas
9. viajar
10. caliente
11. edificio
12. plaza
13. público
14. clase
15. flamenco

▶ **Lee esta parte del borrador de un estudiante. Después responde las preguntas a continuación.**

> **(1)** Hay algo novedoso en la Sala 112 **(2)** Qué crees que es **(3)** nuestra coneja tiene cuatro bebés. **(4)** ¡Qué pequeños son los conejitos! **(5)** Una casa firme y bonita. **(6)** ¿Te los conejitos gustan?

1. ¿Qué oración debe terminar con un punto?

  A oración 1

  B oración 2

  C oración 4

  D oración 6

2. ¿Qué oración debe tener signos de interrogación?

  A oración 1

  B oración 2

  C oración 3

  D oración 4

3. ¿En qué oración el orden de las palabras no tiene sentido?

  A oración 2

  B oración 3

  C oración 4

  D oración 6

4. ¿Qué palabra de la oración 3 debe tener mayúscula?

  A nuestra

  B coneja

  C cuatro

  D bebés

5. ¿Cuál de las siguientes oraciones NO es una oración completa?

  A oración 1

  B oración 3

  C oración 4

  D oración 5

6. ¿Qué oración es correcta tal como está?

  A oración 3

  B oración 4

  C oración 5

  D oración 6

► **Lee esta parte del borrador de un estudiante.
Después responde las preguntas a continuación.**

> **(1)** Eric vio las noticias en la televisión. **(2)** Su padre vio las noticias en la televisión. **(3)** El locutor habló sobre sucesos especiales. **(4)** Un oficial de policía un bombero y un maestro dieron clases de seguridad al Tercer Grado. **(5)** El alcalde hizo un viaje y dio una conferencia.

1. ¿Cuál es el sujeto simple de la oración 1?

   A Eric

   B Eric vio

   C las noticias

   D vio las noticias en la televisión

2. ¿Cuál es el predicado completo de la oración 3?

   A el locutor

   B el locutor habló

   C habló

   D habló sobre sucesos especiales

3. ¿Qué falta en la oración 4?

   A una coma

   B un sujeto

   C un predicado simple

   D un predicado completo

4. ¿Qué oración tiene un sujeto compuesto?

   A oración 1

   B oración 3

   C oración 4

   D oración 5

5. ¿Qué oración tiene un predicado compuesto?

   A oración 2

   B oración 3

   C oración 4

   D oración 5

6. ¿Qué oraciones podrían unirse para formar una oración con sujeto compuesto?

   A oraciones 1 y 2

   B oraciones 2 y 3

   C oraciones 3 y 4

   D oraciones 4 y 5

Nombre _____

▶ **Haz tarjetas con las palabras de ortografía. Voltéalas y léelas.**

1. Coloca las palabras con *ge, ja, ji,* o *ju* en la primera columna.

2. Coloca las palabras con *gi, je* o *jo* en la segunda columna.

Palabras de ortografía

1. caja
2. bajamos
3. plumaje
4. traje
5. recoger
6. gente
7. género
8. mejillas
9. jinete
10. páginas
11. agitaban
12. ojos
13. joya
14. julio
15. junto

Palabras con *ge*	Palabras con *gi*
1. _____	4. _____
2. _____	5. _____
3. _____	
Palabras con *ja*	**Palabras con *je***
6. _____	8. _____
7. _____	9. _____
Palabras con *ji*	**Palabras con *jo***
10. _____	12. _____
11. _____	13. _____
Palabras con *ju*	
14. _____	
15. _____	

La escuela y la casa

Con el estudiante, busque en revistas ilustraciones de objetos cuyos nombres tengan el sonido fuerte /j/. Pídale que escriba los nombres de los objetos y que verifique su ortografía en el diccionario.

Cuaderno de práctica
© Harcourt • Grado 3

▶ **Lee el pasaje. Después, encierra en un círculo la letra que corresponda a la respuesta más adecuada a cada pregunta.**

El puente Sunshine Skyway de Florida se terminó de construir en 1987. Mucha gente cree que es el puente más hermoso del mundo. Está pintado de color amarillo. Creo que el color es la razón por la cual el puente es tan popular.

Una vez hubo otro puente sobre Tampa Bay. Debido a una terrible tormenta, 1,000 pies del puente se derrumbaron sobre la bahía. El puente Skyway Bridge se encuentra a 190 pies sobre el agua en su punto más alto. Lo sostienen cables de acero.

Pienso que éste es el puente más fuerte de todos.

1. ¿Cuál de las siguientes oraciones expresa un hecho?

   A   Está pintado de color amarillo.

   B   Creo que el color es la razón por la cual el puente es tan popular.

   C   Mucha gente cree que es el puente más hermoso del mundo.

   D   Pienso que este es el puente más fuerte de todos.

2. ¿Cuál de las siguientes oraciones es una opinión?

   A   El puente Sunshine Skyway de Florida se terminó de construir en 1987.

   B   Creo que el color es la razón por la cual el puente es tan popular.

   C   Una vez hubo otro puente sobre Tampa Bay.

   D   Lo sostienen cables de acero.

3. Lee la oración subrayada del pasaje. Es un hecho. ¿Cómo lo sabes?

   A   Es lo que cree el autor.

   B   Es información incorrecta.

   C   Es algo que puede verse o comprobarse.

   D   Todos los puentes son así.

La escuela y la casa

Lea el pasaje en voz alta con el estudiante. Después, vuelva a leerlo. Trabajen juntos para subrayar cada oración que describa un hecho y encerrar en un círculo cada oración que describa una opinión.

▶ **Busca en el cuento las diez palabras con sonido
/j/ y enciérralas en un círculo. Escribe cada
palabra en la columna que corresponda.**

Hacía meses que había marcado las páginas de mi agenda con los días
de las vacaciones. Este verano dimos una gira por Costa Rica. En un
cuaderno de recuerdos anoté detalles y anécdotas del paseo.

El clima estuvo fantástico y la gente fue muy amable con nosotros.
Cada mañana mi hermana Regina salía a correr por la playa. Por las tardes
mis papás tomaban un rico refresco de frutas en un vaso gigante y un
postre de gelatina. En uno de nuestros paseos, recogimos caracolas en una
playa maravillosa. Como recuerdo compramos unos géneros bordados con
alegres imágenes.

palabras con *ge*	palabras con *gi*
_____	_____
_____	_____
_____	_____
_____	_____

La escuela y la casa

Pida al estudiante que seleccione tres de las
palabras y las use en oraciones.

47

Cuaderno de práctica
© Harcourt • Grado 3

Nombre _____

► Escoge una palabra de vocabulario para completar cada oración. Escribe la palabra en el espacio en blanco.

desmaya	aturdido	elevada
vergüenza	plena	raída

1. En _____ primavera todo florece.

2. La camiseta _____ estaba demasiado vieja para usarse.

3. Alejandro se sintió _____ cuando la pelota le golpeó la cabeza.

4. El televisor estaba en una posición _____ para que todos los niños pudieran verlo.

5. ¿Te da _____ cuando te regañan o te reprenden en público?

6. La mujer casi se _____ cuando vio al ratón.

► Busca una palabra de vocabulario del siguiente recuadro con un significado que coincida con cada conjunto de tres palabras. Escribe la palabra de vocabulario en el espacio en blanco.

desmaya	aturdido	elevada
vergüenza	plena	raída

1. confundido   alterado   trastornado   _____

2. alta   cima   altura   _____

3. desfallece   marea   cae   _____

4. rota   desgastada   ajada   _____

5. completa   total   auge   _____

6. timidez   sonrojo   rubor   _____

48

▶ Usa el organizador gráfico para registrar los hechos y las opiniones de estas páginas de "Mi amigo Babe Ruth". Escribe cada hecho en la columna que dice **Hecho**. Escribe cada opinión en la columna que dice **Opinión**.

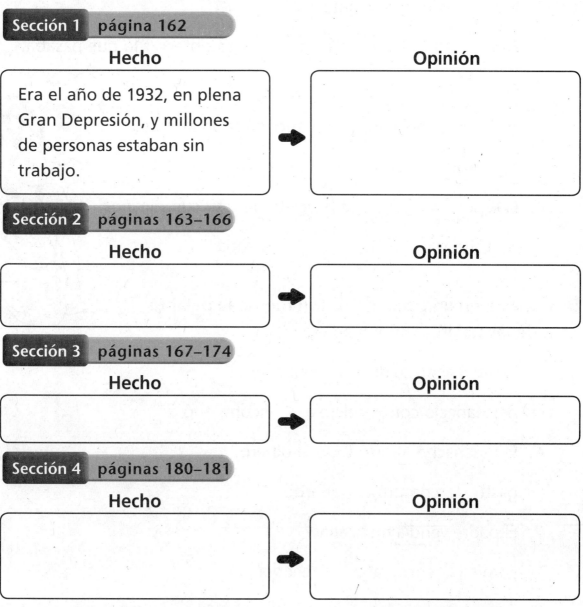

Sección 1 página 162

Hecho	Opinión
Era el año de 1932, en plena Gran Depresión, y millones de personas estaban sin trabajo.	

Sección 2 páginas 163–166

Hecho	Opinión

Sección 3 páginas 167–174

Hecho	Opinión

Sección 4 páginas 180–181

Hecho	Opinión

▶ En una hoja de papel aparte, escribe un resumen del cuento con tres hechos y tres opiniones. Usa el organizador gráfico como ayuda.

Nombre _____

▶ **Lee cada oración y las palabras debajo de ella. Encierra en un círculo el sinónimo de la palabra subrayada.**

1. Él era lo suficientemente <u>inteligente</u> como para esperar a su padre.

listo   adulto   tonto

2. Ellos se detuvieron en <u>plena</u> calle para observar lo que pasaba.

el costado de   la mitad de   el final de

3. Todos se <u>apresuraron</u> para encontrar un asiento.

apuraron   retrasaron   tardaron

4. Él <u>esperaba</u> recibir una bicicleta para su cumpleaños.

necesitaba   rechazaba   deseaba

▶ **Encierra en un círculo el antónimo de la palabra o de las palabras subrayadas.**

5. El muchacho <u>se quedó con</u> Jacobo.

permaneció con   dejó a   acompañó a

6. El muchacho <u>ahorró</u> todo el dinero.

gastó   compró   guardó

7. El padre <u>vendía</u> manzanas.

comía   compraba   recogía

8. La multitud <u>exclamaba</u>.

murmuraba   gritaba   alentaba

La escuela y la casa

Pida al estudiante que escriba antónimos para las preguntas 1 a 4 y sinónimos para las preguntas 5 a 8.

Cuaderno de práctica

© Harcourt • Grado 3

Nombre _____

Palabras con *ge*, *gi*,
ja, *je*, *ji*, *jo*, *ju*
· · · · · · · · · · ·
Lección 6

▶ **En orden de izquierda a derecha, selecciona una sílaba de cada columna para formar palabras de tres sílabas. Une las sílabas con líneas. Después escribe una oración con cada una de las palabras.**

re	si	lla
ge	ra	ras
va	me	ja
ti	ji	sol
gi	je	lo

1. _____

_____

2. _____

_____

3. _____

_____

4. _____

_____

5. _____

_____

La escuela y la casa

Pida al estudiante que lea en voz alta sus oraciones. Comenten el significado de cada palabra.

51

Nombre _____

▶ **Vuelve a escribir estas oraciones. Usa correctamente la puntuación y las palabras de unión, o conjunciones.**

1. Mi padre es maestro, y trabaja en una escuela.

   _____

2. Él va en auto al trabajo, él toma un autobús.

   _____

3. Él se sirve el almuerzo en el trabajo, o come en el parque.

   _____

4. Generalmente come tuna, hoy come ensalada con huevos.

   _____

▶ **Vuelve a escribir cada par de oraciones como una sola oración. Usa correctamente la puntuación y las palabras de unión _y_ o _pero_.**

5. La señora López ama la lectura. Ella tiene una librería.

   _____

6. La tienda es pequeña. Tiene muchos libros.

   _____

7. Sasha trabaja con animales. Ella disfruta de su trabajo.

   _____

8. Ella vive en el campo. Trabaja en la ciudad.

   _____

La escuela y la casa

Trabaje con el estudiante para escribir dos
oraciones simples acerca de una persona y
su trabajo. Después ayúdelo a convertir las
oraciones en una oración compuesta.

Cuaderno de práctica
© Harcourt • Grado 3

Nombre _____

▶ **Lee las palabras de ortografía. Busca las consonantes *ll* o *y* en cada palabra. Escribe cada palabra donde corresponda.**

Palabras con *ll*

1. _____
2. _____
3. _____
4. _____
5. _____
6. _____
7. _____

Palabras con *y*

8. _____
9. _____
10. _____
11. _____
12. _____
13. _____
14. _____
15. _____

Palabras de ortografía

1. brillante
2. orilla
3. llavero
4. folleto
5. mellizos
6. pasillo
7. lluvia
8. yacaré
9. yema
10. yermo
11. cayito
12. yogur
13. yoyó
14. desayunar
15. ayudante

La escuela y la casa

Anime al estudiante para que escriba todas las palabras con *ll* e *y* que se le ocurran. Verifiquen la ortografía juntos usando un diccionario impreso o en línea.

Cuaderno de práctica

Nombre _____

▶ **Lee el siguiente pasaje. Luego, responde las preguntas que aparecen a continuación.**

Si alguna vez fueras a África, podrías ver un gorila. Los gorilas viven en los bosques tropicales, en las laderas de las montañas y en los bosques de bambú. Pueden vivir en grupos pequeños de cinco miembros o incluso en grupos más grandes de hasta treinta miembros. Un grupo de gorilas se llama *manada*. Los gorilas parecen feroces, pero generalmente son muy pacíficos. Son grandes comensales; ¡pueden llegar a comer hasta cuarenta libras de plantas por día!

Lamentablemente, los gorilas están en peligro. Las empresas madereras talan los bosques donde viven los gorilas y los dejan sin hogar. Es triste imaginar a los gorilas sin un lugar para vivir. Algunas personas están tratando de crear nuevas leyes en pro de la vida silvestre para proteger a los gorilas. Es un trabajo duro, pero salvar a los gorilas es una causa importante.

1. ¿Cuál es una de las opiniones en este pasaje?

   _____

   _____

2. ¿Cuál es uno de los hechos en este pasaje?

   _____

   _____

3. ¿Cuál es otra de las opiniones en este pasaje?

   _____

   _____

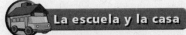

La escuela y la casa

Pida al estudiante que le exprese una opinión sobre su animal favorito.

Cuaderno de práctica
© Harcourt • Grado 3

▶ **Completa cada oración con una palabra del recuadro que tenga el sonido /ll/. Escribe cada palabra en el espacio en blanco.**

estrellas	lloran	galletas	folleto
collar	ardillas	lluvia	calle

1. El perro tiene un _____ con una placa de identificación.

   _____

2. No podíamos ver todas las _____ por las nubes.

   _____

3. A todos nos gustan las _____ de chocolate.

   _____

4. A veces los bebés _____ porque tienen hambre.

   _____

5. El desfile del circo ocupaba todo el ancho de la _____.

   _____

6. Anoche unas _____ pasaron corriendo por el campamento.

   _____

7. La _____ se llevó el polvo del aire por unos días.

   _____

8. ¿Dónde quedó el _____ sobre las montañas Rocosas?

   _____

La escuela y la casa

Pida al estudiante que nombre otras cuatro palabras con el sonido /ll/ que se escriban con *ll*. Pídale que escriba una oración con cada palabra.

55

Nombre _____

▶ **Lee cada pregunta y presta atención especial a la palabra de vocabulario en negrita. Luego, encierra en un círculo la letra de la respuesta más adecuada.**

1. ¿Cómo **obedece** un perro a su dueño?

   A siguiendo las órdenes del dueño

   B haciendo lo contrario de lo que le pide el dueño

   C ladrándole a otros perros

2. ¿Qué sonido hacía un animal que **chillaba**?

   A un sonido de alegría

   B un sonido de queja

   C un sonido divertido

3. ¿Qué puede despedir un **olor** agradable?

   A una mofeta

   B una montón de basura

   C un campo de flores

4. ¿Cómo harías una **demostración** de cómo se pone la mesa?

   A diciéndole a alguien lo que debe hacer

   B pidiéndole a alguien que te muestre cómo hacerlo

   C haciéndolo tú mismo mientras alguien observa

5. ¿Qué pasa cuando alguien se **extravía**?

   A No sabe dónde está.

   B Camina por un lugar conocido.

   C Pasea por un lugar.

6. ¿Por qué a veces hay gente **patrullando** un vecindario?

   A para regar las plantas

   B para mantenerlo seguro

   C para mantenerlo lleno de gente

La escuela y la casa

Pida al estudiante que use cada palabra de vocabulario en una oración nueva.

56

▶ **A medida que leas "El oficial Miguel y su perro policía", completa el organizador gráfico con hechos y opiniones del pasaje.**

Sección 1 páginas 200–209

Sección 2 páginas 210–217

Hecho	Opinión
• Aero es un pastor alemán de pelaje negro y acanelado.	

1. ¿Cuál es uno de los hechos sobre el entrenamiento de Aero?

   _____

   _____

2. ¿Cómo se siente Aero con respecto a las escaleras y las rejillas?

   _____

3. Escribe un resumen del cuento en una hoja de papel aparte. Usa el

   organizador gráfico como ayuda.

▶ **Escribe un sinónimo o un antónimo de la palabra**
subrayada en cada oración.

1. Cecilia tuvo que <u>saltar</u> para alcanzar el estante superior de su

   armario.

   Sinónimo: _____

2. Desde donde estoy <u>sentada</u>, no puedo ver lo que hay sobre la mesa.

   Antónimo: _____

3. Juan cree que la fiesta de anoche fue <u>horrible</u>.

   Sinónimo: _____

4. Puedes guardar todos los <u>objetos</u> en esta caja.

   Sinónimo: _____

5. Esos libros son muy <u>pesados</u>.

   Antónimo: _____

6. El guardia tiene una <u>casa</u> en la montaña.

   Sinónimo: _____

7. <u>Todos</u> quieren ir al cine esta noche.

   Antónimo: _____

8. El <u>pelo</u> del perro es marrón.

   Sinónimo: _____

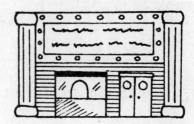

La escuela y la casa

Pida al estudiante que piense en dos
antónimos de la palabra subrayada en el
ejercicio 3.

Nombre _____

▶ Lee las palabras con *ll* o con *y*. Después completa el cuento con las palabras del recuadro.

ballena	rayas	llena	rayos	bella
malla	ella	lluvia	sillas	yate

La _____ Tamara tiene _____ en su cuerpo. Eso la hace muy atractiva para las personas que la ven. Una noche de invierno se veían en el cielo _____ luminosos que permitían verla desde lejos.

Tamara se acercó a un _____ a mirar, porque era muy curiosa. Toda la gente se levantó de sus _____ para mirar lo _____ que era. Tamara hacía trucos en el agua al ritmo de la música. Después hubo una tormenta de _____, pero pronto se detuvo. Por la noche incluso se pudo ver la luna _____. A Tamara le gustaba nadar bien hondo. Mientras nadaba hacia el fondo, se enredó en una _____ que habían dejado los pescadores. _____ era fuerte, así que se liberó y se alejó rápidamente de ahí.

Nombre _____

▶ **Vuelve a escribir cada oración correctamente.**

1. daniel tiene una Amiga en la clase.

   _____

2. Su Nombre es ana.

   _____

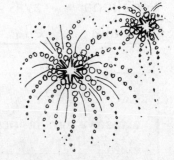

3. Daniel y ana estudian todas las Tardes.

   _____

4. Ambos quieren visitar washington en navidad.

   _____

▶ **Vuelve a escribir cada oración correctamente. Subraya cada
sustantivo común. Encierra en un círculo cada sustantivo propio.**

5. El día de la independencia estuvimos en los ángeles.

   ____   _____

6. La clase de Estefanía fue a nueva york a ver los Fuegos Artificiales.

   _____

7. Las luces iluminaron el cielo sobre el río hudson.

   _____

8. Los Estudiantes escribieron un informe sobre su viaje.

   _____

La escuela y la casa

Trabaje con el estudiante para relacionar a
un sustantivo propio con cada uno de los
siguientes sustantivos comunes: *maestro,
amigo, plaza, feriado, calle.*

Cuaderno de práctica

© Harcourt • Grado 3

Nombre _____

▶ Lee las palabras de ortografía. Escribe las palabras en el grupo que corresponda.

Palabras con *ua*

1. _____
2. _____
3. _____
4. _____
5. _____

Palabras con *ue*

6. _____
7. _____
8. _____
9. _____
10. _____

Palabras de ortografía

1. suave
2. agua
3. guante
4. acuario
5. guarda
6. cuentos
7. fuerza
8. cuerpo
9. suelo
10. puerto
11. cuidar
12. buitre
13. arruinar
14. ruidosa
15. suizo

Palabras con *ui*

11. _____
12. _____
13. _____
14. _____
15. _____

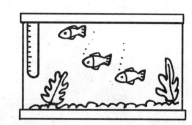

La escuela y la casa

Ayude al estudiante a escribir una oración con cada palabra de ortografía. Después, pídale que encierre los diptongos *ua, ue, ui* en un círculo.

61

▶ **Lee el párrafo. Luego, sigue las instrucciones y responde las preguntas.**

> ¿Sabías que las vacas sólo se alimentan de plantas? Esta clase de animal se llama herbívoro. Los animales carnívoros, como los tigres, sólo se alimentan de carne. Algunos animales, como los osos, se alimentan tanto de plantas como de carne. Se llaman omnívoros. Un animal puede ser herbívoro, carnívoro u omnívoro, dependiendo de lo que coma.

1. Escribe la idea principal. _____

_____

_____

2. Dibuja un recuadro alrededor de cada detalle de apoyo.

3. Escribe la idea principal de otra manera para que puedas colocarla al

comienzo del párrafo. _____

_____

_____

La escuela y la casa

Pida al estudiante que le explique con sus propias palabras de qué se trata el párrafo. Explíquele que ésa es la idea principal.

Cuaderno de práctica

Nombre _____

▶ **Busca palabras con *ua* en la sopa de letras.**
Después escribe una oración con cada palabra
que encuentres.

Sopa de letras

c	u	a	r	t	a	g	u	a	n	t	e
u	w	c	d	o	c	s	u	a	v	e	o
a	a	u	h	o	u	s	i	z	t	o	c
l	c	a	o	a	n	t	i	g	u	a	o
i	t	r	m	n	o	y	o	l	x	l	i
d	u	e	o	w	a	g	u	a	p	y	o
a	a	l	a	c	u	a	r	i	o	p	a
d	l	a	r	q	c	u	a	d	r	o	ñ

1. _____

2. _____

3. _____

4. _____

5. _____

6. _____

7. _____

8. _____

9. _____

10. _____

La escuela y la casa

Pida al estudiante que diga otras cinco palabras
con *ua* y que escriba un cuento corto con ellas.

63

Cuaderno de práctica

© Harcourt • Grado 3

Nombre _____

▶ **Parte A Escribe las palabras de vocabulario del recuadro correspondientes a cada idea.**

comunican	señal	sacuden
chirrían	avisa	asean

1. _____ arreglan y limpian

2. _____ dicen algo a una persona a un animal

3. _____ advierte a alguien

4. _____ producen sonidos constantes

5. _____ un movimiento que tiene un significado

6. _____ agitan algo rápidamente

▶ **Parte B Usa tus conocimientos sobre las palabras de vocabulario para responder cada pregunta. Responde con oraciones completas.**

7. Si una persona le **avisa** algo a otra, ¿le está sonriendo o

   advirtiendo? _____

8. Si **sacuden** una toalla, ¿la toalla se mueve rápida o lentamente?

   _____

9. Si los niños **asean** a su perro, ¿lo están cepillando o alimentando?

   _____

10. Si tus amigas **chirrían**, ¿hablan fuerte o suavemente?

    _____

11. Cuando le haces una **señal** a alguien, ¿qué estás haciendo?

    _____

12. ¿Las personas se **comunican** con ellas mismas o con otras personas?

    _____

La escuela y la casa

Pida al estudiante que haga una representación dramática las palabras *avisa* y *chirrían*. Luego, envíele una señal con las manos. Pida al estudiante que adivine qué significa la señal.

▶ **A medida que leas "Los animales también hablan", completa el organizador gráfico con los detalles importantes de la lectura. Luego, escribe la idea más importante de la lectura.**

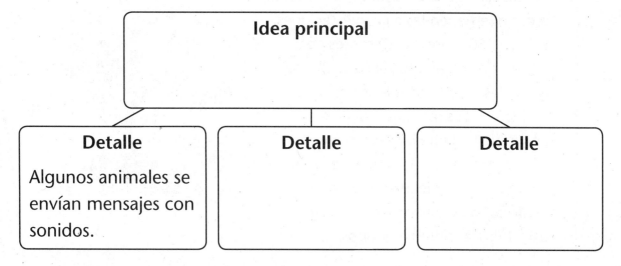

Idea principal

Detalle

Algunos animales se envían mensajes con sonidos.

Detalle

Detalle

1. ¿Cuál es la idea principal de la lectura?

_____

_____

_____

_____

2. Menciona tres de los detalles más importantes.

_____

_____

_____

_____

3. Escribe un resumen del cuento en una hoja de papel aparte. Usa el organizador gráfico como ayuda.

Nombre _____

▶ **Lee la entrada de enciclopedia. Usa la información
para responder las preguntas a continuación.**

Roble. Árbol que se encuentra en
áreas que tienen las cuatro estaciones.
Existen 450 especies diferentes de
robles. Crecen en muchas áreas,
desde las costas marítimas hasta las
montañas. Los robles se conocen
por su fruto, la bellota. La mayoría
de los robles crece lentamente. Son
un importante recurso para obtener
madera. La madera del roble se usa
para fabricar muebles y pisos.

1. ¿Cuántas especies de robles existen?

_____

2. ¿Para qué se usa la madera del roble?

_____

3. ¿Qué es una bellota?

_____

4. ¿En qué dos áreas crecen robles?

_____

5. ¿Dónde se pueden encontrar robles?

_____

_____

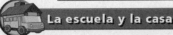
La escuela y la casa

Ayude al estudiante a escribir un poema sobre
los robles y las bellotas. Luego, lean el poema
en conjunto y en voz alta.

Cuaderno de práctica
© Harcourt • Grado 3

▶ **Ordena las letras para formar una palabra con *ua,*
ue o *ui*. Escribe la palabra en el espacio en blanco.
Después escribe una oración con cada palabra.**

1. utoarc ➡ _____

   _____

2. enucot ➡ _____

   _____

3. nuaidc ➡ _____

   _____

4. banue ➡ _____

   _____

5. adorcu ➡ _____

   _____

6. usiñorer ➡ _____

   _____

7. uvoens ➡ _____

   _____

8. alveu ➡ _____

   _____

La escuela y la casa

Escriba la letras *azfure*. Después pida al
estudiante que ordene las letras para formar
una palabra con *ua, ue* o *ui*.

Cuaderno de práctica
© Harcourt • Grado 3

Nombre _____

▶ **Escribe la palabra que corresponda a cada abreviatura.**

1. Sr. _____

2. Ud. _____

3. pág. _____

4. km _____

5. dpto. _____

▶ **Encuentra en cada oración las palabras que tienen abreviaturas. Escribe las abreviaturas.**

6. La señorita Luisa corrió quinientos metros, cayó y se hizo una herida de cinco milímetros.

   _____

7. Rafael saludó al maestro, a la señora López, al doctor Losada, etcétera.

   _____

8. Juan fue a la avenida Marina a comprar tres litros de aceite donde la señora Rosa.

   _____

9. La doctora Ramírez sale cada mañana de su departamento y viaja 50 millas.

   _____

10. El libro de Juan González tiene 120 páginas, cinco capítulos y sólo pesa 150 gramos.

   _____

La escuela y la casa

Pida al estudiante que tome un libro que le guste y que escriba datos sobre él como título, autor, páginas, capítulos, medidas y peso. Ayúdelo a determinar qué palabras pueden ser abreviadas.

Cuaderno de práctica

▶ Lee las palabras de ortografía. Escribe cada palabra en el lugar que corresponda.

Palabras que comienzan con *hue*

1. _____
2. _____

Palabras que comienzan con *hie*

3. _____

Palabras con *h* en el medio

4. _____
5. _____
6. _____

Otras palabras con la letra *h*

7. _____
8. _____
9. _____
10. _____
11. _____
12. _____
13. _____
14. _____
15. _____

Palabras de ortografía

1. huellas
2. habitan
3. hombre
4. horrible
5. ahora
6. herida
7. húmedo
8. había
9. hielo
10. anhelo
11. hasta
12. humor
13. hueso
14. hacer
15. ahorrar

 La escuela y la casa

Anime a al estudiante a pensar en otras palabras con *h* y pídale que las escriba. Después, verifique la ortografía buscando la palabra en un diccionario.

Cuaderno de práctica

© Harcourt • Grado 3

▶ **Lee el pasaje. Después, encierra en un círculo la letra que corresponda a la respuesta más adecuada para cada pregunta.**

¿Alguna vez intercambiaste alguna cosa por otra? Puede ser divertido. También es una buena forma de deshacerse de cosas viejas y de encontrar algunos tesoros nuevos y maravillosos.

Las personas han intercambiado cosas durante miles de años. En la antigüedad, era difícil conseguir dinero. Por esa razón, una familia intercambiaba alguna vaca extra por un caballo o cerdo extra de otra familia.

En la actualidad, las personas obtienen la mayoría de las cosas que quieren comprándolas en tiendas. Sin embargo, en la actualidad todavía se intercambian cosas. Puedes intercambiar libros con un amigo. De esa forma, puedes intercambiar un libro que hayas leído por un libro que sea nuevo e interesante. Puedes hacer lo mismo con juguetes, juegos y ropa que ya no usas.

1. ¿Cuál es la idea principal del pasaje?

   A ¡Es divertido!

   B Al intercambiar cosas, nos podemos deshacer de cosas viejas y obtener tesoros nuevos.

   C Puedes intercambiar libros con un amigo.

2. ¿Qué detalle no apoya la idea principal?

   A En la actualidad, todavía se intercambian cosas.

   B En la antigüedad, era difícil conseguir dinero.

   C Es un hermoso día.

Sugerencia

Sugerencia: Recuerda que los detalles ayudan a explicar la idea principal.

3. ¿Qué detalle apoya la idea principal?

   A Puedes intercambiar libros con un amigo.

   B La palabra amor de atrás para adelante equivale a roma.

   C Los libros pueden ser muy divertidos.

La escuela y la casa

Vuelva a leer el pasaje con el estudiante. Luego, pida al estudiante que cuente de nuevo la idea principal usando sus propias palabras.

Cuaderno de práctica
© Harcourt • Grado 3

Nombre _____

▶ **Ordena las letras subrayadas y escribe la palabra que comienza con *hue-* o *hie-* en el espacio.**

1. El agua <u>eirhev</u> a los 100 grados Celsius.

   _____

2. Encontramos las <u>ellahsu</u> de un oso en el barro.

   _____

3. En invierno se forma <u>ihloe</u> sobre el lago.

   _____

4. Mi abuelo sembró tomates en el <u>urteho</u>.

   _____

5. ¿Has escuchado cómo se ríen las <u>senhai</u>?

   _____

6. Nuestro perro no sabe dónde enterró su <u>esouh</u>.

   _____

7. El <u>irrohe</u> es uno de los metales más abundantes.

   _____

8. Julio cocina una tortilla de <u>vuhseo</u> con mantequilla.

   _____

9. La <u>direah</u> trepa por los troncos y los muros.

   _____

10. La ardilla se escondió en el <u>eucho</u> de un árbol.

   _____

La escuela y la casa

Pida al estudiante que seleccione una palabra
con *hue-* y otra con *hie-* y que escriba una
adivinanza con cada una de ellas.

71

Cuaderno de práctica
© Harcourt • Grado 3

Nombre _____

▶ **Escoge del recuadro la palabra de vocabulario correcta para completar cada adivinanza.**

banquete	distinguir	irresistible
hambre	curioso	generosos

1. Me encanta hacer muchas preguntas. Siempre quiero saber cosas nuevas. Soy muy _____.

2. Tengo mucha comida deliciosa para ofrecerte. Si me visitas, deberás usar ropa muy elegante. Soy un _____.

3. Es un día de verano muy caluroso y pasas por una heladería. ¿Cómo describirías el deseo de refrescarte y saborear un helado?

   _____

4. Hay dos asnos y tres mulos en un corral. Soy una palabra que indica cómo diferenciar uno de otro. _____

5. ¿Cómo describirías a las personas que ayudan a otros sin esperar nada a cambio? _____

6. Cuando me despierto a la mañana, tengo mucha…

   _____.

▶ **Ahora es tu turno. Escribe adivinanzas para las dos palabras del vocabulario que aparecen a continuación.**

banquete   generosos

1. _____

2. _____

La escuela y la casa

Juegue con el estudiante a las adivinanzas. Túrnense dando pistas sobre las palabras de vocabulario y adivinándolas.

▶ **Mientras leas "Sopa de piedra", responde las siguientes preguntas y completa el organizador gráfico con la idea principal y los detalles importantes.**

1. ¿Cuál es la idea principal del cuento? Escribe la respuesta en el recuadro de la idea principal.

   _____

2. ¿Qué detalle importante aparece en la página 258? Escribe la respuesta en el recuadro del primer detalle.

   _____

   _____

3. ¿Qué detalle importante aparece en la página 261? Escribe la respuesta en el recuadro del segundo detalle.

   _____

   _____

4. ¿Qué detalle importante aparece en la página 271? Escribe la respuesta en el recuadro del último detalle.

   _____

   _____

Idea principal:

Detalle: (p. 258)

Detalle: (p. 261)

Detalle: (p. 271)

▶ **Usa la información del organizador gráfico anterior para escribir un resumen del cuento en una hoja de papel aparte.**

▶ **Busca cada palabra en un diccionario de sinónimos. Escribe dos sinónimos para la palabra.**

1. hacer

   Sinónimos: _____ _____

2. caminar

   Sinónimos: _____ _____

3. dormido

   Sinónimos: _____ _____

4. enojado

   Sinónimos: _____ _____

5. líder

   Sinónimos: _____ _____

6. amigo

   Sinónimos: _____ _____

 La escuela y la casa

Pida al estudiante que nombre tres estados de ánimo, como por ejemplo, feliz, triste y nervioso. Ayúdelo a buscar sinónimos de estas palabras en un diccionario de sinónimos.

Cuaderno de práctica
© Harcourt • Grado 3

▶ **Lee las oraciones. Encierra en un círculo la palabra que está escrita correctamente para completar la oración.**

1. Las _____ prefieren las cosas dulces.

   hormigas   ormigas   formigas

2. En la fiesta de disfraces vi unas máscaras _____.

   orribles   jorribles   horribles

3. Cuando fuimos de vacaciones nos _____ en un

   hotel de lujo.

   ospedamos   hospedamos   jospedamos

4. No se permiten ruidos en las zonas de _____.

   jospital   hospital   ospital

5. El ser _____ es un ser pensante y racional.

   humano   jumano   umano

6. El clima costero es muy _____.

   júmedo   úmedo   húmedo

7. El actor _____ una oferta de participar en una

   película.

   rehusó   reusó   rejusó

8. Si me equivoco en la tarea, la tengo que _____.

   reacer   rejacer   rehacer

La escuela y la casa

En una hoja de papel, escriba la oración *El doctor examinó el* _____ *de Gabriel*. Pida al estudiante que escoja la palabra correcta que falta de entre *jombro, ombro, hombro* para completar la oración.

Cuaderno de práctica
© Harcourt • Grado 3

Los sustantivos en
singular y en plural
Lección 9

▶ **Escribe el sustantivo plural correcto de cada sustantivo en singular.**

1. ventana _____

2. jarrón _____

3. luz _____

4. mantel _____

5. pez _____

6. volumen _____

7. avestruz _____

8. carne _____

▶ **Vuelve a escribir las oraciones. Usa la forma plural de los sustantivos entre paréntesis ( ).**

9. Los (árbol) tienen (raíz).

_____

10. Compramos (coliflor) y (manzana).

_____

11. ¿Quieres (nuez) o (mermelada)?

_____

12. Usa (vela) o (farol) en el campamento.

_____

 La escuela y la casa

Con el estudiante, escriba una lista de compras.
Túrnense escribiendo el singular y el plural
de cada sustantivo de la lista.

76

Cuaderno de práctica

Nombre _____

▶ **Con las sílabas del recuadro, forma siete palabas con *ge, gi, ja, je, ji, jo* o *ju*. Usa las pistas para formar cada palabra y escríbelas en el espacio.**

re	gi	ja	je	jo	te	fle
cia	ti	ras	vi	jus	gu	rar
ji	ge	ne	lar	ne	ti	a

1. lo que vemos a través del espejo _____

2. la usamos para coser a mano _____

3. mirar atentamente sin que se nos pase nada _____

4. el que monta los caballos de carrera _____

5. las usamos para recortar _____

6. otra palabra para "producir algo" _____

7. lo que se hace valer en los tribunales _____

La escuela y la casa

Pida al estudiante que escoga cuatro palabras de las que formó en la parte de arriba y que escriba un pequeño cuento con ellas.

Cuaderno de práctica
© Harcourt • Grado 3

▶ **Lee cada pregunta. Encierra en un círculo la mejor respuesta o respuestas para cada pregunta.**

1. ¿Qué palabras comienzan con el mismo sonido?

   llama   lana   yema

2. ¿Qué palabra tiene el sonido /ll/?

   gotas   lluvia   hielo

3. ¿Qué palabra rima con *silla*?

   pan   tortilla   pastel

4. ¿Qué palabra tiene el mismo sonido de la sílaba subrayada en <u>llu</u>via?

   ninguno   desayuno   sabia

5. ¿Qué palabras empiezan con el mismo sonido?

   yunque   julio   yugo

6. ¿Qué palabra tiene una sílaba con el mismo sonido que en *vaya*?

   varanda   reja   muralla

La escuela y la casa

Escriba las palabras *apellido* y *leyenda*. Pida al
estudiante que diga que sonido representan
las letras subrayadas.

78

Cuaderno de práctica
© Harcourt • Grado 3

▶ **Lee cada oración. Completa cada palabra con**
ua, ue o *ui* **en los espacios en blanco.**

1. Escojo las palabras adec_____das para escribir mi poema.

2. Si tienes todos los ingredientes p_____des hacer una torta.

3. El helado de cerezas me dejó la leng_____rosada.

4. El cartel dice "c_____dado con el perro".

5. Mi papá me lee c_____ntos todas las noches.

6. La bocina del automóvil hace mucho r_____do.

7. Mi s_____ño es salir a recorrer todo el mundo.

8. C_____ndo salga de vacaciones, visitaré a mis tíos.

La escuela y la casa

Pida al estudiante que diga otras tres palabras
con *ua, ue, ui* y que las use en oraciones.

79

Cuaderno de práctica
© Harcourt • Grado 3

Nombre _____

▶ **Parte A.** Une con una línea cada sílaba de la columna A con los finales de palabras de la columna B para formar cuatro palabras diferentes.

Columna A	Columna B
	rario
ho	rizontal
	mano
	mor
hu	nesto
	racán
	guera
	mo

▶ **Parte B.**

1. Escribe una oración con una palabra que empiece con *ho.*

_____

_____

2. Escribe una oración con una palabra que empiece con *hu.*

_____

_____

_____

La escuela y la casa

Pida al estudiante que busque en diarios palabras con *ha, he, hi.*

80

Nombre _____

▶ **Parte A. Completa cada oración con una de las palabras de vocabulario del recuadro.**

aclarar	experto	laboratorio
intruso	sospecho	confieso

1. Todas las noches, los científicos lavan los recipientes que usan para experimentos en el _____.

2. Siempre que escondo algo en broma, después _____ donde lo guardé.

3. _____ que no te gustará el documental sobre reptiles porque les tienes miedo a las arañas.

4. Mañana debemos _____ todas las dudas que tengamos sobre la prueba.

5. Daniel juega muy bien al tenis, pero realmente no es un _____.

6. Ayer encontraron un _____ en el patio de la escuela.

▶ **Parte B. Escribe una oración que describa algo que puedes investigar en un laboratorio para aclarar alguna duda.**

_____

_____

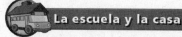
La escuela y la casa

Pida al estudiante que nombre tres campos en los que le gustaría ser experto algún día.

Cuaderno de práctica
© Harcourt • Grado 3

▶ **Lee la siguiente lectura. Luego, responde las preguntas.**

Me encanta pintar con colores brillantes. ¡Los colores son muy interesantes! ¿Sabías que solo tres colores forman casi todos los colores diferentes que vemos? Rojo, azul y amarillo se combinan para formar muchos otros colores. Por ejemplo, si combinas rojo y azul, se forma el violeta. El amarillo y el rojo forman el anaranjado. El amarillo y el azul forman el verde. Y con estos colores, un pintor puede formar colores nuevos. Las pinturas con muchos colores son las más hermosas. ¿Qué tipo de pintura te gusta?

1. Escribe dos hechos que se mencionan en el pasaje.

_____

_____

_____

_____

2. Escribe dos opiniones mencionadas en el pasaje.

_____

_____

_____

_____

3. Responde la pregunta de la última oración del pasaje y da tu opinión.

_____

_____

La escuela y la casa

Pida al estudiante que describa el atardecer, usando hechos y opiniones.

Cuaderno de práctica
© Harcourt • Grado 3

Nombre _____

▶ **Lee el pasaje. Escribe una respuesta para cada pregunta.**

> Con mis compañeros de clase, nos iremos de campamento la semana que viene. Estoy muy emocionado porque aprenderemos cómo armar una tienda de campaña. Si el día está lindo, incluso podremos hacer una fogata y cocinar algunos malvaviscos. Saldremos a las 8:00 y llegaremos al campamento a las 10:00. Tengo un libro nuevo que leeré en el autobús. Nuestra maestra nos enseñará cómo identificar la hiedra venenosa y otras plantas del bosque. En este viaje aprenderemos sobre la naturaleza y cómo es la vida sin muchas cosas del mundo moderno.

1. ¿Cuál es la idea principal del pasaje?

   _____

   _____

2. ¿Cuáles son los dos detalles de apoyo del pasaje?

   _____

   _____

   _____

   _____

3. ¿Cuál es el detalle que no apoya la idea principal?

   _____

   _____

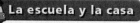

La escuela y la casa

Pida al estudiante que identifique otra oración que describe la idea principal de la lectura.

83

Nombre _____

▶ **Escribe un sinónimo o un antónimo de la palabra subrayada en cada oración.**

Sinónimos

1. Era una noche oscura y <u>fresca</u>. _____

2. <u>Pásame</u> la pelota. _____

3. Estábamos <u>mojados</u> de los pies a la cabeza. _____

4. ¡Pasamos una tarde <u>maravillosa</u>! _____

5. Gaby es una niña muy <u>sociable</u>. _____

Antónimos

1. El plato del perro estaba <u>vacío</u>. _____

2. Fuimos por el camino más <u>sinuoso</u>. _____

3. Creo que cometí un <u>gran</u> error. _____

4. El juego fue muy <u>aburrido</u>. _____

5. Fue un maestro <u>excelente</u>. _____

La escuela y la casa

Escriba la oración: *Me siento _____*. Pida al estudiante que complete la oración con una palabra que describa cómo se siente. Luego, escriba un sinónimo y un antónimo para cada palabra.

84

Cuaderno de práctica

© Harcourt • Grado 3

Nombre _____

▶ **Escriba la respuesta de cada pregunta.**

Fuentes de referencia

diccionario	diccionario de sinónimos y antónimos
enciclopedia	atlas

---

1. ¿Qué fuente de referencia usarías para encontrar un sinónimo de

   vacío? _____

2. ¿Qué fuente de referencia usarías para encontrar los países que

   limitan con Panamá? _____

3. ¿Qué fuente de referencia contiene el significado de *lila*?

   _____

4. ¿Qué fuente de referencia describe el clima en que

   crecen palmeras y el tiempo que tardan en crecer?

   _____

5. ¿Qué fuente de referencia usarías para encontrar un antónimo de

   agradable? _____

La escuela y la casa

Pida al estudiante que indique tres tipos
de información que se encuentran en un
diccionario.

Cuaderno de práctica
© Harcourt • Grado 3

▶ **Dobla la hoja por la línea punteada. A medida que el maestro lea en voz alta cada palabra de ortografía, escríbela en el espacio. Después, desdobla la hoja y comprueba tu trabajo. Como práctica, escribe correctamente las palabras de ortografía con errores.**

1. _____

2. _____

3. _____

4. _____

5. _____

6. _____

7. _____

8. _____

9. _____

10. _____

11. _____

12. _____

13. _____

14. _____

15. _____

Palabras de ortografía

1. caja
2. traje
3. género
4. jinete
5. agitaban
6. joya
7. julio
8. pasillo
9. yermo
10. yogur
11. acuario
12. suelo
13. buitre
14. hielo
15. huellas

▶ **Lee esta parte del borrador de un estudiante.
Después responde las preguntas a continuación.**

(1) La clase de la _____ Sánchez presentó una obra de teatro. (2) La Obra se realizó en la Escuela Tomás Edison. (3) Muchos estudiantes de la escuela. (4) Mi hermana Liliana practicó su papel durante ocho _____. (5) Debo irme a dormir a las 8:00 p.m. (6) Mis padres me dejaron quedarme hasta tarde para ver la obra.

1. ¿Qué abreviatura puede ir en el espacio en blanco en la oración 1?

  A Sra.

  B Sr.

  C Dra.

  D señorita

2. ¿Qué palabra de la oración 2 no se escribe con mayúsculas?

  A Obra

  B Edison

  C Tomás

  D Escuela

3. ¿Qué abreviatura puede ir en el espacio en blanco en la oración 4?

  A km

  B h.

  C h

  D hs

4. ¿Cuál es el sustantivo propio de la oración 4?

  A hermana

  B Liliana

  C practicó

  D durante

5. ¿Qué oraciones simples podrían unirse por una coma seguida de *pero*?

  A oraciones 1 y 2

  B oraciones 3 y 4

  C oraciones 4 y 5

  D oraciones 5 y 6

6. ¿Qué oración no está completa?

  A oración 2

  B oración 3

  C oración 5

  D oración 6

▶ **Lee esta parte del borrador de un estudiante.**
Después responde las preguntas a continuación.

> (1) Hay un misterio por resolver en la <u>avenida</u> Montaña.
> (2) Desaparecieron los peces de la pecera de Miguel. (3) Ellos eran sus
> regalón. (4) Él buscó en la cocina, en los dormitorios, en el techo y en el
> jardín. (5) La _____ Estrada dice que sabe dónde pueden estar. (6) Y el
> gato de Miguel también lo sabe.

1. ¿Cuál es la abreviatura de
la palabra subrayada en la
oración 1?

  A av

  B av.

  C Av.

  D AV

2. ¿Cuál es el plural correcto del
sustantivo de la oración 3?

  A regalón

  B regalones

  C regalons

  D regalonez

3. ¿Cuántos sustantivos en
SINGULAR hay en la oración 4?

  A dos

  B tres

  C cuatro

  D cinco

4. ¿Cuántos sustantivos en PLURAL
hay en la oración 4?

  A uno

  B dos

  C tres

  D cuatro

5. ¿Qué abreviatura podría ir en
el espacio en blanco de la
oración 5?

  A sra

  B Sra

  C sra.

  D Sra.

6. ¿En qué oración hay un
sustantivo plural en -ces?

  A oración 2

  B oración 3

  C oración 4

  D oración 5

Nombre _____

▶ **Lee las palabras de ortografía. Después lee el nombre de cada grupo. Escribe las palabras en el grupo que corresponda.**

Palabras con *c*

1. _____   4. _____

2. _____   5. _____

3. _____   6. _____

Palabras con *s*

7. _____

8. _____

9. _____

10. _____

11. _____

Palabras con *z*

12. _____   14. _____

13. _____   15. _____

Palabras de ortografía

1. centro
2. escena
3. cesto
4. cita
5. cinto
6. cima
7. saber
8. seda
9. sitio
10. sordo
11. suero
12. empezar
13. zeta
14. zorra
15. zumbido

La escuela y la casa

Ayude al estudiante a escribir varias palabras que rimen con escena, empezar y cesto. Comente la ortografía correcta de cada palabra. Verifique la ortografía de cada palabra usando un diccionario impreso o en línea.

Cuaderno de práctica
© Harcourt • Grado 3

▶ **Lee el cuento. Luego, completa el organizador gráfico.**

Hoy fue el primer partido de béisbol de Jeremías. Estaba más emocionado que nunca. "Hoy será un gran día", pensó. "Quizás golpee la pelota y anote un punto".

Abrió un cajón para sacar su uniforme. ¡No estaba allí! Un sentimiento terrible lo inundó. ¿Dónde estaba su uniforme? Sin el uniforme, no podría jugar. ¿Qué había sucedido?

Luego recordó. El domingo, le había mostrado el uniforme a su abuelo. Lo había usado y se había ensuciado con fango cuando simulaba atrapar la pelota.

¿Qué podía hacer? "Después de todo, hoy no va a ser un día tan maravilloso", pensó.

En ese momento, su padre entró y dejó el uniforme de Jeremías sobre la cama.

—Qué bueno que anoche lavé la ropa, ¿no?
—dijo su padre.

Personajes: Jeremías, el padre y el abuelo

Escenario: _____

⬇ ⬇

Problema: _____

⬇

Detalles importantes: _____
_____
_____
_____

⬇

Solución: _____
_____
_____

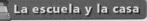
La escuela y la casa

Pida al estudiante que use el organizador gráfico como guía para contar el cuento de nuevo usando sus propias palabras.

Cuaderno de práctica
© Harcourt • Grado 3

Nombre _____

▶ Encierra en un círculo la palabra con sonido /s/ y úsala en una oración.

1. recita   reclama   recta

   _____

2. muñeca   racimo   cómoda

   _____

3. pelo   peca   pecera

   _____

4. tela   cena   crema

   _____

5. vereda   vecino   camino

   _____

6. hamaca   almanaque   almacén

   _____

7. cesto   corto   cola

   _____

8. contenía   competía   conocía

   _____

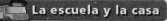

La escuela y la casa

Escriba en una hoja *caracol, canción* y *camión*.
Pida al estudiante que identifique la palabra
con sonido /s/ y que la use en una oración.

91

Cuaderno de práctica
© Harcourt • Grado 3

▶ **Lee cada pregunta. Presta atención especial a las palabras de vocabulario que están subrayadas. Luego, escribe tu respuesta en la línea.**

1. ¿Cuáles fueron las últimas palabras que <u>balbuceó</u> el director durante el acto de despedida?

_____

2. ¿Qué te dijo la maestra cuando te <u>alentó</u> antes de comenzar la obra de teatro?

_____

3. ¿Por qué una persona puede sentirse <u>humillada</u>?

_____

4. ¿Cómo <u>calmaba</u> la maestra a los alumnos que lloraban el primer día de clase?

_____

5. Si tuvieras un momento <u>breve</u> para comer, ¿qué comerías?

_____

6. ¿Cuál fue la razón por la que alguien te <u>elogió</u> la última vez?

_____

_____

La escuela y la casa

Pida al estudiante que piense en algo que su mamá le decía cuando lo calmaba. Pídale que le cuente cómo lo calmaba su mamá.

Nombre _____

▶ Completa el organizador gráfico a medida que leas "La más querida". Registra los hechos más importantes que vayas aprendiendo.

Sección 1 páginas 305–308

Personajes: La señora Ledesma, Carolina, mamá, papá, abuelito, José, Pedro

Escenario:

Sección 2 página 312

Problema:

Sección 3 páginas 302–319

Sucesos importantes:

Sección 4 página 319

Solución:

▶ Escribe un resumen del cuento en una hoja de papel aparte. Usa el organizador gráfico como ayuda.

Cuaderno de práctica
© Harcourt • Grado 3

▶ **Lee cada oración. Busca una palabra o frase con el mismo significado que la palabra o frase subrayada. Luego, encierra en un círculo la mejor definición para la palabra o frase subrayada.**

1. Miré a la abuela y le sonreí, y ella también me <u>sonrió.</u>

   A se rió

   B bostezó

   C me miró con cara triste

   D gritó con fuerza

2. Carolina tenía <u>un nudo en el estómago</u> y pensó que nunca dejaría de sentirse así.

   A se calmó

   B se puso muy contenta

   C disfrutó el momento

   D se puso muy nerviosa

3. La <u>presentación</u> había terminado y todos la disfrutaron mucho.

   A todo el grupo

   B un sentimiento de alegría

   C la obra

   D la comida

4. <u>Toda la clase</u> la miraba y todos sus compañeros se veían preocupados.

   A todos los estudiantes

   B ruedas de un camión grande

   C pequeño

   D el mejor

La escuela y la casa

Pida a los estudiantes que escriban una oración con cada palabra o frase subrayada.

Cuaderno de práctica
© Harcourt • Grado 3

▶ **Forma palabras de dos sílabas con sonido /s/ según las pistas dadas. Tacha las sílabas del recuadro después de formar cada palabra. Con las dos sílabas que sobran forma una nueva palabra.**

cin	ñar	cie	bra	me	ce
zos	so	na	co	sua	hi
sa	riz	lu	ve	ces	lo

1. parte de la cara que está entre los ojos y nos sirve para

   respirar _____

2. mueble que usamos para comer _____

3. número que sigue al cuatro _____

4. otra forma de decir *imaginar* _____

5. cuando está oscuro las encendemos _____

6. parte del cuepo que sirve para abrazar _____

7. lugar donde están las estrellas _____

8. algo liso y agradable al tacto es _____

9. Con las sílabas que sobran se puede formar la palabra

   _____.

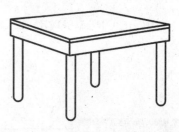

La escuela y la casa

Pida al estudiante que lea las palabras
con sonido /s/ y que le diga las letras que
representan a este sonido.

95

Cuaderno de práctica
© Harcourt • Grado 3

Nombre _____

▶ **Vuelve a escribir cada frase. Usa el posesivo correcto antes del sustantivo.**

1. los disfraces que son de nosotros

   _____

2. el collar de mamá

   _____

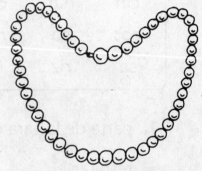

3. los libros que poseo

   _____

▶ **Vuelve a escribir cada frase. Usa el posesivo correcto después del sustantivo.**

4. las camisas que tienes _____

5. las fotos que son de ustedes _____

6. la casa que es de nosotros _____

▶ **Vuelve a escribir cada frase. Usa la preposición *de* para indicar posesión.**

7. su libro _____

8. la mochila suya _____

9. nuestras bicicletas _____

10. vacaciones suyas _____

La escuela y la casa

Ayude al estudiante a escribir tres oraciones acerca de algunos juegos. Pídale que use posesivos antes del sustantivo, posesivos después del sustantivo y la preposición *de* para indicar posesión.

Nombre _____

Palabras en plural:
terminaciones
-s, -es, -ces

Lección 12

▶ Lee las palabras de ortografía. Después lee el nombre de cada grupo. Escribe las palabras en el grupo que corresponda.

1. Agrupa las palabras con terminación –s. Después escribe las palabras en la tabla.

2. Agrupa las palabras con terminación –es. Después escribe las palabras en la tabla.

3. Agrupa las palabras con terminación –ces. Después escribe las palabras en la tabla.

Palabras de ortografía

1. ventanas
2. cuadros
3. cartas
4. cuadernos
5. uvas
6. paredes
7. camiones
8. mares
9. caracoles
10. meses
11. voces
12. jueces
13. raíces
14. luces
15. veces

Terminación –s	Terminación –es
1. _____	6. _____
2. _____	7. _____
3. _____	8. _____
4. _____	9. _____
5. _____	10. _____

Terminación –ces	
11. _____	14. _____
12. _____	15. _____
13. _____	

La escuela y la casa

Pida al estudiante que lea en voz alta la lista de palabras de ortografía. Comente las palabras y escriba otras palabras en plural con estas terminaciones.

97

▶ **Lee el cuento. Después, escribe las respuestas
a las preguntas.**

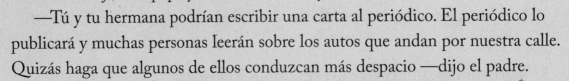

Anita estaba paseando al perro de la familia, Tomy, cuando
un auto pasó a toda velocidad. Tomy ladró. Anita se fue
corriendo a su casa.

—Tenemos que hacer que los conductores conduzcan
más despacio. ¡Estos autos podrían lastimar a Tomy!
—Anita le dijo a su papá y a su hermana mayor.

—Tú y tu hermana podrían escribir una carta al periódico. El periódico lo
publicará y muchas personas leerán sobre los autos que andan por nuestra calle.
Quizás haga que algunos de ellos conduzcan más despacio —dijo el padre.

—Vamos —dijo Vera, la hermana de Anita—. Podemos hacerlo juntas.

Anita y Vera escribieron una carta. El periódico envió un periodista para
que escribiera la historia y ¡Anita y Tomy salieron en la foto del periódico! Las
autoridades pusieron una señal en la calle de Anita. Decía: "Baje la velocidad.
Aquí viven niños y mascotas. ¡Conduzca lentamente!" Ahora las personas
conducen más despacio en la calle de Anita.

1. ¿Quién es el personaje principal?

_____

2. ¿Cuáles son los otros personajes? _____

_____

3. ¿Cuál es un hecho muy importante del cuento?

_____

4. ¿Qué problema enfrenta el personaje principal? _____

_____

5. ¿Cuál es la solución al problema?

_____

_____

La escuela y la casa

Ayude al estudiante a escribir una carta a un
periódico sobre algún problema que haya en
la comunidad.

Cuaderno de práctica
© Harcourt • Grado 3

Palabras en plural:
terminaciones
-s, -es, -ces
Lección 12

Nombre _____

▶ **Cambia la palabra subrayada por el plural que corresponda.**

1. La cara de Ángel estaba sucia y mojada después de jugar en el <u>jardín</u>.

   _____

2. El <u>cajón</u> del mueble estaba cerrado y María no podía abrirlo.

   _____

3. Para pintar, Elsa usa un <u>creyón</u> azul y otro rojo.

   _____

4. Un rayo cayó sobre el <u>árbol</u> durante la tormenta.

   _____

5. Un <u>compás</u> sirve para hacer circunferencias.

   _____

6. El <u>león</u> muchas veces caza de noche.

   _____

7. En el <u>corral</u> grande caben cien vacas.

   _____

8. El <u>camión</u> de helados tiene los colores favoritos de Andrés.

   _____

9. Juan se asombró con el <u>caracol</u> que encontró en el jardín.

   _____

10. Tengo una foto de Harry Potter que cubre toda una <u>pared</u> de mi cuarto.

   _____

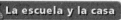
La escuela y la casa

Pida al estudiante que busque en un periódico
más sustantivos en singular terminados en
consonante y que los escriba en plural.

Cuaderno de práctica
© Harcourt • Grado 3

Nombre _____

▶ **Escoje la palabra del recuadro de palabras que
mejor se relacione con cada grupo de tres palabras.
Escribe la palabra en el espacio en blanco.**

traduzca	aullido	molestan
agitaba	evadiendo	repararlo

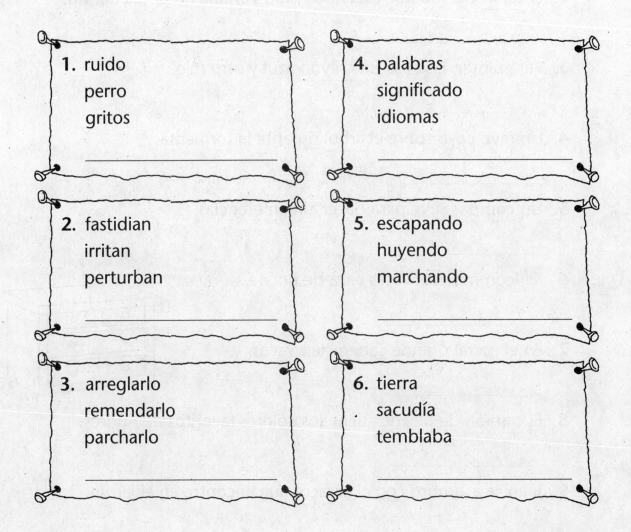

1. ruido
   perro
   gritos

   _____

2. fastidian
   irritan
   perturban

   _____

3. arreglarlo
   remendarlo
   parcharlo

   _____

4. palabras
   significado
   idiomas

   _____

5. escapando
   huyendo
   marchando

   _____

6. tierra
   sacudía
   temblaba

   _____

La escuela y la casa

Pida al estudiante que imite cómo se hace
cuando se está *evadiendo* algo. Luego, pídale
que imite cómo actúan las personas que
molestan.

100

▶ A medida que leas "Las cartas de Max", completa el organizador gráfico con información importante del cuento.

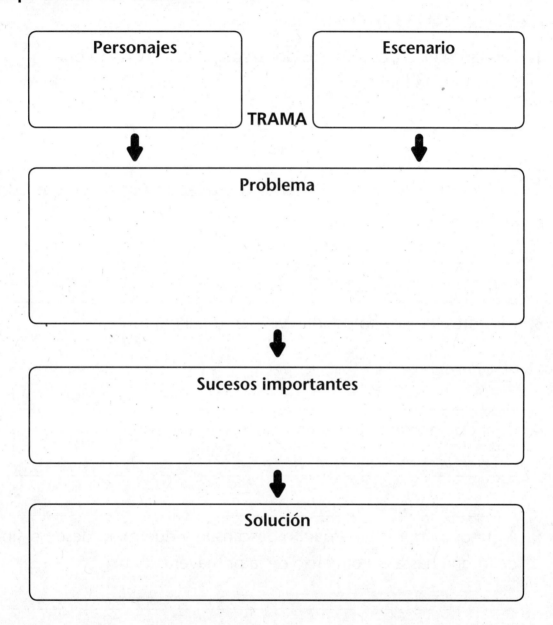

Personajes

Escenario

TRAMA

Problema

Sucesos importantes

Solución

▶ Escribe un resumen del cuento en una hoja de papel aparte. Usa el organizador gráfico como ayuda.

▶ **Escribe una definición para cada palabra subrayada. Al lado de cada definición, describe las claves del contexto que te ayudaron a comprender lo que significa la palabra.**

1. Leonardo hizo tres <u>intentos</u> por trepar la cuerda hasta que finalmente lo logró.

   _____

   _____

2. La cara roja y los gritos del señor González demostraban que estaba <u>encolerizado</u>.

   _____

   _____

3. Las flores <u>frágiles</u> no podrían vivir en un clima frío.

   _____

   _____

4. Cuando Ángela perdió el concurso se sintió triste y <u>abatida</u>.

   _____

   _____

5. Algunos animales <u>hibernan</u>, o descansan y duermen, desde el final del otoño hasta el comienzo de la primavera.

   _____

   _____

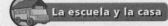

La escuela y la casa

Describa una *piedrecilla*, un *caballero* y un *resplandor*, sin nombrar las palabras y pida al estudiante que adivine cada palabra.

Cuaderno de práctica
© Harcourt • Grado 3

Palabras en plural:
terminaciones
-s, -es, -ces
· · · · · · · · · · · ·
Lección 12

Nombre _____

▶ **Lee cada oración. Encierra en un círculo el
sustantivo correcto en plural para completar
la oración. Luego escribe ese sustantivo en el espacio en blanco.**

1. Juan y Johanna van al mercado a comprar muchas _____
   y verduras.

   frutaz   frutaes   frutas

2. Alberto tiene una colección de _____ y sobres aéreos.

   selloes   sellos   sellito

3. Anita visitará muchos _____ y ciudades en su viaje
   a Europa.

   países   peices   país

4. En un colegio los niños usan muchos _____ y cuadernos
   para sus tareas.

   lápices   lápizes   lápises

5. En la granja los _____ trabajan cuidando las ovejas.

   perroes   perros   perroses

6. En la clase de deportes del colegio, los niños tienen varios

   _____ .

   balóns   balónez   balones

7. En este circo trabajan muchos _____ , trapecistas
   y malabaristas.

   payasoz   payasoes   payasos

8. Los _____ viajan felices en el bus
   hacia el zoológico.

   estudiantes   estudiantez   estudianteces

La escuela y la casa

Escriba varias oraciones con sustantivos en
singular. Pida al estudiante que escriba los
sustantivos en plural.

103

Cuaderno de práctica
© Harcourt • Grado 3

▶ **Escribe el pronombre de cada oración. Después rotula cada pronombre con una *S* (singular) o una *P* (plural).**

1. Ella fue al desierto en septiembre. _____

2. Nosotros jugamos en el parque. _____

3. Él compra frutas en el mercado. _____

4. Yo pinto con acuarelas. _____

5. Ustedes leen unos bellos cuentos. _____

6. El maestro quiere que tú representes a la clase. _____

▶ **Vuelve a escribir cada oración con el pronombre correcto.**

7. Laura estudia francés porque _____ quiere visitar Francia.

   _____

8. Mis primas se divirtieron en el estadio aunque _____ no tenían muchas ganas de ir.

   _____

9. La plaza tiene muchos árboles. _____ dan sombra en verano.

   _____

10. El perro tiene el pelaje brillante, porque _____ lo baño a menudo.

   _____

La escuela y la casa

Pida al estudiante que escriba cuatro oraciones con pronombres. Después ayúdelo a rotular cada pronombre con una *S* (singular) o una *P* (plural).

Cuaderno de práctica
© Harcourt • Grado 3

Nombre _____

▶ **Lee las palabras de ortografía. Clasifícalas y escríbelas en el grupo que corresponda.**

Palabras que terminan en –*ante*

1. _____

2. _____

3. _____

4. _____

5. _____

6. _____

7. _____

8. _____

9. _____

10. _____

11. _____

12. _____

Palabras que terminan en –*ente*

13. _____

14. _____

15. _____

Palabras de ortografía

1. estudiante
2. creciente
3. penetrante
4. corriente
5. cantante
6. danzante
7. distante
8. alarmante
9. amante
10. anunciante
11. vigilante
12. comediante
13. caminante
14. candente
15. picante

La escuela y la casa

Ayude al estudiante a escribir una lista de palabras que terminen en –*nte*. Comente la ortografía correcta de cada palabra. Verifiquen juntos la ortografía de cada palabra usando un diccionario impreso o en línea.

Cuaderno de práctica

▶ **Lee cada párrafo. Después, escribe las respuestas
a las preguntas.**

A. Samuel encendió su linterna, y el delgado haz de luz atravesó la oscuridad. La habitación estaba llena de muebles viejos. El polvo y las telarañas lo cubrían todo. Nadie había estado en esta habitación por años. Entonces, ¿qué había producido ese ruido tan extraño? ¡Él *debía* averiguarlo!

B. Las personas que tiran basura se están convirtiendo en un verdadero problema para nuestro vecindario. La próxima vez que andes a pie o en bicicleta por los alrededores, échale un vistazo. Las latas de gaseosas y los envoltorios de caramelos están tirados en el césped o flotando en el estanque. La naturaleza es demasiado bella para que la arruinemos con basura. Por eso, colabora. ¡No tires basura!

C. La leche tiene elementos que el cuerpo necesita. Tiene calcio que fortifica los huesos y los ayuda a crecer. El calcio ayuda a que los dientes crezcan y se mantengan sanos. La leche tiene muchas proteínas que ayudan a desarrollar músculos fuertes.

1. ¿Cuál es el propósito del autor en el párrafo A? ¿Quién es el personaje principal? _____

_____

2. ¿Cuál es el propósito del autor en el párrafo B? ¿Por qué piensas eso?

_____

_____

3. ¿Cuál es el propósito del autor en el párrafo C? ¿Por qué piensas eso?

_____

_____

Cuaderno de práctica
© Harcourt • Grado 3

▶ **Lee el cuento. Agrega la terminación** -nte **a las palabras subrayadas.**

Raúl era un estudia_____ que le gustaba caminar por la pradera.

Por eso, su mamá lo llamaba "Raúl, el camina_____". Pero él

quería conocer a alguien que le gustara la naturaleza. Su mamá,

que era muy complacie_____, lo escuchó con atención, pero no

conocía a nadie que fuera así.

Un día Raúl se lesionó y su mamá fue a la farmacia por un

calma_____. Mientras conversaba con el comercia_____, éste le

dijo que tenía en casa un visita_____ que podría ayudar a Raúl. Le

dijo que su sobrina era una ama_____ de la naturaleza y también

le gustaban mucho las caminatas. Al llegar a casa, su mamá le

contó a Raúl lo sucedido. El niño invitó a su nueva amiga a ser

su acompaña_____ en los paseos por la pradera. Antes de salir

prepararon un resiste_____ y brilla_____ bolso para recoger basura.

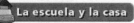

La escuela y la casa

Con el estudiante busque 3 palabras terminadas
en -nte. Pídale que escriba una oración con cada
una de ellas.

107

Cuaderno de práctica
© Harcourt • Grado 3

▶ **Parte A Lee cada grupo de palabras. Escribe la palabra de vocabulario que corresponda al grupo.**

disuelven	susurra	absorben
columnas	protege	partículas

1. cuida   resguarda   defiende   _____

2. murmura   rumorea   musita   _____

3. mezclan   diluyen   desaparecen   _____

4. recogen   embeben   empapan   _____

▶ **Parte B Completa las oraciones.**

5. Las **columnas** de una biblioteca pueden ser de _____

_____

6. Si encuentras **partículas** de vidrio en el piso de la cocina, alguien

probablemente _____

7. Para **proteger** tu colección de CD, deberías _____

_____

8. Las sustancias que se **disuelven** rápidamente en el agua son _____

_____

La escuela y la casa

Comente con el estudiante sobre algún edificio que haya visto que tenga columnas. Invente una lista de adjetivos para describir las columnas.

108

Cuaderno de práctica
© Harcourt • Grado 3

▶ **Completa el organizador gráfico a medida que leas "Crece un árbol".**

Sección 1 página 368

Lo que sé:	Lo que leo:	Lo que aprendí:

Sección 2 página 369

Lo que sé:	Lo que leo:	Lo que aprendí:

Sección 3 página 374

Lo que sé:	Lo que leo:	Lo que aprendí:

1. ¿Qué sabes sobre los árboles?

_____

2. ¿Qué es lo primero que leíste sobre los árboles?

_____

_____

▶ **En una hoja de papel aparte, escribe un resumen de lo que has aprendido sobre los árboles. Usa el organizador gráfico como ayuda.**

▶ **Usa los elementos gráficos para responder las preguntas. Encierra en un círculo la letra que corresponda a la respuesta más adecuada para cada pregunta.**

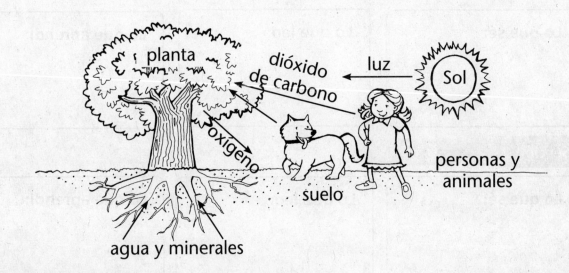

1. ¿Qué le proporciona el Sol a la planta?

   A dióxido de carbono

   B oxígeno

   C agua y minerales

   D luz

2. ¿Qué le proporcionan las personas y los animales a la planta?

   A dióxido de carbono

   B oxígeno

   C agua y minerales

   D suelo

3. ¿Qué le proporcionan las plantas a las personas y a los animales?

   A. dióxido de carbono

   B oxígeno

   C agua y minerales

   D sol

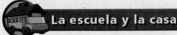
La escuela y la casa

Trabaje con el estudiante para crear un
elemento gráfico que ilustre un sistema
o proceso como un patrón climático o el
crecimiento de una flor.

Cuaderno de práctica
© Harcourt • Grado 3

Nombre _____

▶ **Cada línea de letras tiene dos palabras escondidas que terminan en -*nte*. Encierra en un círculo las palabras escondidas. Después escribe una oración con las dos palabras que encontraste.**

1. r d t c a n t a n t e k l p m x e s t u d i a n t e g s t d o

_____

_____

2. t r q l a s h a b i t a n t e g f y r o p a r t i c i p a n t e l k j z x n y e

_____

_____

3. t y w c o m e r c i a n t e r e s a t v i g i l a n t e l p o

_____

_____

4. r f a b g i g a n t e e l k j h h i j s g r e e m p l a z a n t e t e ñ p o

_____

_____

5. a s w q t o l e r a n t e v f r o c o n c u r s a n t e j h t a

_____

_____

La escuela y la casa

Pida al estudiante que escriba una oración
con dos de las siguientes palabras: *caminante,
cambiante, brillante, postulante*. Después
pídale que lea en voz alta su oración.

111

▶ **Escribe el pronombre de complemento que corresponda para reemplazar la palabra o frase subrayada en la oración.**

1. La hermana de Ariel encontró <u>abejas</u> en el jardín. _____

2. Mi vecino saluda <u>al cartero</u>. _____

3. Él trae una carta para <u>Ariel</u>. _____

4. Tus tíos regalaron un libro <u>a Julia y a mí</u>. _____

5. ¿Quién encontró <u>una pelota verde</u>? _____

6. Mi maestro dio un diploma <u>a mis compañeros</u>. _____

▶ **Vuelve a escribir las oraciones. Usa correctamente los pronombres de complemento *lo, la, los, las, le, les*.**

7. Alicia lustra sus zapatos. Las dejó brillantes.

   _____

8. Los osos comen salmones en el río. Lo comen con ganas.

   _____

   _____

9. La abuela trae manzanas para mis padres. También le trajo peras.

   _____

   _____

10. Mira esas abejas. Pero no la asustes.

   _____

La escuela y la casa

Pida al estudiante que escriba oraciones
usando algunos de los siguientes pronombres:
me, lo, la, te, nos, los, las, le, les.

112

Cuaderno de práctica
© Harcourt • Grado 3

Nombre _____

▶ **Lee las palabras de ortografía. Clasifica las palabras y escríbelas en el grupo que corresponda.**

Palabras que terminan en -ar

1. _____

2. _____

3. _____

Palabras que terminan en -er

4. _____

5. _____

6. _____

Palabras que terminan en -ir

7. _____

8. _____

Palabras que terminan en -al

9. _____

10. _____

11. _____

12. _____

13. _____

Palabras que terminan en -il

14. _____

15. _____

Palabras de ortografía

1. escuchar
2. arar
3. arañar
4. torcer
5. cocer
6. moler
7. elegir
8. salir
9. invernal
10. maizal
11. corral
12. arenal
13. personal
14. varonil
15. febril

La escuela y la casa

A medida que usted y el estudiante comentan las actividades diarias, escriba las palabras que tengan los mismos patrones silábicos que *escuchar* y *moler*. Repase la lista y pida al estudiante que pronuncie y escriba cada palabra.

113

▶ **Lee pasaje. Luego, responde las preguntas a continuación.**

> ## Dejemos los troncos en paz
>
> ¿Alguna vez has caminado por un bosque? Si lo has hecho, probablemente hayas visto troncos en el suelo del bosque. Algunas personas creen que estos árboles caídos ya no son útiles. Creen que los troncos deberían quitarse para limpiar el bosque. Pero eso no es verdad. Los árboles caídos también tienen un sentido.
>
> Los animales los usan como refugio y para encontrar su alimento. Si deslizaras suavemente un tronco y espiaras por debajo de él, te sorprenderías de lo que encontrarías. Gusanos, larvas, insectos y serpientes construyen sus hogares en el lodo fresco que está debajo de los troncos. Si quitaran los troncos, todas estas criaturas tendrían que buscar nuevos hogares.
>
> Con el tiempo, los troncos se descompondrán y pasarán a formar parte del suelo. Nuevos árboles y plantas crecerán en ese suelo. Ésa es otra razón por la que los árboles caídos son importantes.
>
> Como puedes ver, dejar los árboles caídos donde están es beneficioso para el bosque. Deberíamos dejar los troncos en paz.

1. ¿Cuál es el propósito del autor al escribir esta lectura?

   _____

   _____

2. ¿Cómo te ayuda el título a saber esto?

   _____

   _____

3. ¿Qué otras oraciones te dan pistas para descubrir el propósito del autor?

   _____

   _____

La escuela y la casa

Pida al estudiante que comparta un cuento con usted. Trabajen juntos para determinar el propósito del autor.

Cuaderno de práctica
© Harcourt • Grado 3

Nombre _____

▶ **Lee cada par de palabras. Escoje la palabra que termine en -*ar*, -*er*, -*ir*, -*al*, -*il*. Escribe la palabra en los espacios en blanco. Usa las letras de las casillas para responder el acertijo al final de la página.**

1. cable   caber   ___ ___ ___ ☐ ___

2. sentir   amistad   ☐ ___ ___ ___ ___ ___

3. infantil   girasol   ___ ___ ___ ☐ ___ ___ ___

4. dolor   saltar   ___ ___ ___ ___ ___ ☐

5. ventanal   capaz   ___ ___ ___ ___ ☐ ___ ___ ___

6. tejer   luces   ___ ☐ ___ ___ ___

7. mantel   varonil   ___ ___ ___ ☐ ___ ___

Acertijo:

Insecto de gran tamaño, de color castaño que se alimenta de las hojas de las plantas.

Respuesta:

___ ___ C ___ ___ ___ ___ B A ___ ___.

1   2   3   4   5   6   7

La escuela y la casa

Pida al estudiante que busque otras palabras terminadas en -*ar*, -*er*, -*ir*, -*al*, -*il* en su libro de texto.

Cuaderno de práctica

© Harcourt • Grado 3

| laberinto | imagina | mudado |
| pudre | pincha | alberga |

▶ **Parte A Escribe las palabras de vocabulario del recuadro correspondientes a cada idea.**

1. _____ cuando inventas algo en tu mente

2. _____ lugar con muchos caminos entrecruzados

3. _____ que hospeda

4. _____ que se ha cambiado de casa

5. _____ cuando algo se descompone

6. _____ que punza con algo puntiagudo

▶ **Parte B Usa tus conocimientos sobre las palabras de vocabulario en negrita para responder cada pregunta.**

7. Si un animal ha **mudado** su piel, ¿significa que tiene la misma

   o que la _____?

8. Si alguien **pincha** una fruta, ¿usa un _____ o una cuchara?

9. Si alguien te **alberga**, ¿te desaloja o te _____?

10. Si estás en un **laberinto**, ¿estás frente a un camino recto o a

    varios caminos _____?

11. Si tú **imaginas**, ¿significa que piensas en algo _____ o real?

12. Si algo se **pudre**, ¿significa que se _____ o que se conserva?

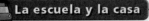
La escuela y la casa

Pregunte al estudiante lo que **imagina** que sucederá mañana en la escuela. Comente si esto es algo que sucedió antes o si es algo completamente nuevo.

▶ A medida que leas "Un agujero en un árbol",
completa la primera columna del organizador
gráfico con lo que ya sabes. En la columna del medio,
escribe la información que leíste. Después de leer el
cuento, completa el propósito del autor.

Lo que sé	Lo que leo	El propósito del autor

1. ¿Cuál es la razón principal por la que el autor escribió este cuento?

_____

_____

2. ¿Cuál es el propósito del autor?

_____

_____

3. Escribe un resumen del cuento en una hoja de papel aparte.
Usa el organizador gráfico como ayuda.

Nombre _____

▶ **La siguiente gráfica de barras muestra los tipos de árboles en el parque Sol. Usa la información en la gráfica para responder las preguntas. Contesta cada pregunta con una oración completa.**

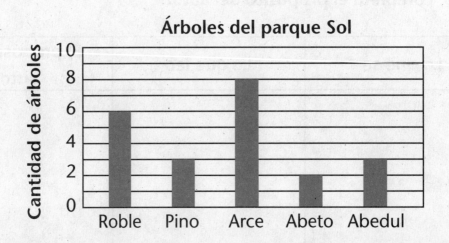

Árboles del parque Sol

1. ¿Qué tipos de árboles tiene el parque Sol?

_____

2. ¿Cuántos arces tiene el parque?

_____

3. ¿Cuál es el árbol que menos tiene el parque?

_____

4. ¿Cuántos pinos hay en el parque?

_____

5. El parque tiene la misma cantidad de dos tipos de árboles,

¿cuáles son?

_____

La escuela y la casa

Trabaje con el estudiante para crear un párrafo
usando la siguiente información: 10 fresnos;
7 cerezos; 2 sauces.

118

Nombre _____

▶ **Usa las palabras del recuadro para completar cada oración. Busca las palabras en la sopa de letras. Búscalas en forma horizontal y vertical.**

| volar | varonil | correr | vendaval | infantil |
| patinar | invernal | leer | maizal | elegir |

1. Debes _____ la canción _____ que te gustaría escuchar en tu cumpleaños.

2. La fuerza del _____ hizo _____ los techos de las casas.

3. A Pedro le gusta _____ por el _____ en verano.

4. Ese joven de actitud _____ va a _____ sus poemas en el encuentro de poesía.

5. Fuimos a _____ sobre hielo en un centro _____ cerca en las montañas.

V	E	N	D	A	V	A	L	T	Q
O	T	I	L	C	Y	N	E	P	S
L	U	A	S	O	E	M	H	A	A
A	L	O	K	R	J	A	I	T	V
R	P	R	L	R	H	I	U	I	A
M	A	G	E	E	A	Z	A	N	R
I	N	V	E	R	N	A	L	A	O
S	D	E	R	M	Z	L	A	R	N
A	I	N	F	A	N	T	I	L	I
E	L	E	G	I	R	O	R	E	L

La escuela y la casa

Ayude al estudiante a escribir palabras con las terminaciones -*al* y -*il*. Pídale que diga lo que significa cada palabra.

119

Cuaderno de práctica

© Harcourt • Grado 3

Nombre _____

▶ **Subraya los dos adjetivos de cada oración. Después escribe si cada adjetivo indica cantidad, tamaño, color o forma.**

1. Muchos lobos comen cinco libras de carne al día.

   _____

2. Hay pocos lobos con ojos azules.

   _____

3. Algunos lobos tienen pelaje blanco.

   _____

4. Los lobos grandes pesan más de noventa libras.

   _____

▶ **Vuelve a escribir las oraciones. Agrega un adjetivo para cada sustantivo subrayado. Usa un adjetivo que responda la pregunta entre paréntesis ( ).**

5. Una manzana cayó del árbol. (¿De qué color?)

   _____

6. Había manzanas en el árbol. (¿Cuántas?)

   _____

7. Frida se comió la manzana. (¿De qué tamaño?)

   _____

8. Yo corté una manzana en rodajas. (¿Qué forma?)

   _____

La escuela y la casa

Pida al estudiante que escriba una lista de cosas de su hogar. Ayúdelo a pensar en adjetivos que describan cada sustantivo. Los adjetivos deben indicar cantidad, tamaño, color o forma.

120

| Sara | centro | cuna |
| cable | cima | zeta |

▶ **Lee cada palabra del recuadro. Busca las palabras que tienen el sonido /s/ y escríbelas en los espacios en blanco.**

Palabras con sonido /s/
_____
_____
_____
_____

Escribe tres palabras más con sonido /s/.

_____

_____

Escoge una palabra del recuadro. Escribe una oración con esa palabra.

_____

_____

▶ Dobla la hoja por la línea punteada. A medida que el maestro lea en voz alta cada palabra de ortografía, escríbela en el espacio. Después, desdobla la hoja y comprueba tu trabajo. Como práctica, escribe correctamente las palabras que escribiste con errores.

1. _____

2. _____

3. _____

4. _____

5. _____

6. _____

7. _____

8. _____

9. _____

10. _____

11. _____

12. _____

13. _____

14. _____

15. _____

Palabras de ortografía

1. cesto
2. cinto
3. seda
4. sitio
5. empezar
6. ventanas
7. camiones
8. voces
9. cantante
10. sorprendente
11. escuchar
12. cocer
13. salir
14. arenal
15. febril

La escuela y la casa

Pida al estudiante que escriba cinco oraciones con sus palabras de ortografía favoritas de la lista anterior.

Nombre _____

▶ **Lee las oraciones. Busca en cada una un sustantivo en plural y enciérralo en un círculo. Después escribe el sustantivo en plural en el número que corresponda en el crucigrama.**

1. Mis pantalones de lana están en el clóset.

2. En mis manos está la moneda.

3. Me gustan las paredes de color verde.

4. Los camiones se estacionaron allá.

5. A las ramas de este árbol no se ha caído ninguna hoja.

6. Hace frío y tenemos las narices frías.

7. A mi primo le gustan mucho los autos.

8. ¿En qué época crecen las nueces?

La escuela y la casa

Pida al estudiante que seleccione tres sustantivos en plural (uno con cada terminación -*s*, -*es*, -*ces*) y que escriba una oración con cada uno.

Cuaderno de práctica
© Harcourt • Grado 3

▶ **Lee el cuento. Luego, responde las preguntas a continuación.**

¡Susi no podía creer que finalmente había llegado este día! Esperó su cumpleaños todo el verano. Ella y su mamá lo habían planeado durante semanas. Lo llamaron "La gran fiesta de cumpleaños en la playa". Había invitado a todos sus amigos para que jugaran, nadaran y disfrutaran de una comida en la playa.

La emoción de Susi se esfumó rápidamente cuando miró por la ventana. El cielo estaba cubierto de nubarrones oscuros. En tan solo unos minutos, comenzaron los relámpagos y la lluvia a cántaros. Nunca se había sentido tan desilusionada.

—Ya se nos ocurrirá algo —le aseguró su mamá.

Mientras tanto, el papá llevó a Susi al supermercado para comprar carne para preparar las hamburguesas y el hielo para el refrigerador.

—¿Por qué estamos comprando esto? —preguntó Susi—. No podemos ir a la playa con esta lluvia.

Cuando llegaron a la casa, Susi abrió la puerta.

Sus amigos gritaron: "¡Sorpresa!".

Había piscinas de plástico llenas de arena en la sala de estar para los concursos de castillos de arena. Había sillas plegables y manteles de picnic en toda la casa. La parrilla de papá estaba en la galería trasera. Después de todo, ¡Susi tendría su fiesta!

1. ¿Quiénes son los personajes? _____

2. ¿Cuál es el escenario? _____

3. ¿Cuál es el problema? _____

_____

4. ¿Cuál es la solución? _____

_____

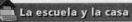
La escuela y la casa

Pida al estudiante que le cuente una historia sobre una fiesta. Recuérdele que incluya todos los elementos de la trama, incluyendo un problema y un comienzo, medio y final.

Cuaderno de práctica
© Harcourt • Grado 3

▶ **Lee esta parte del borrador de un estudiante.
Después responde las preguntas a continuación.**

> **(1)** Tomás es amigo de Juan. **(2)** Tomás le dice a Juan que está triste.
> **(3)** Juan le dice que ello son amigos. **(4)** Y le pide que le cuente el
> suyo problema. **(5)** Tomás y Juan conversan un momento.
> **(6)** Después, Juan le dice que ahora es un problema nuestro.

1. ¿En qué oración hay un
pronombre posesivo
después del sustantivo?

   A la oración 2

   B la oración 3

   C la oración 5

   D la oración 6

2. ¿En qué oración hay un
pronombre posesivo mal
ubicado?

   A la oración 2

   B la oración 3

   C la oración 4

   D la oración 6

3. ¿Qué frase podría reemplazar
la frase subrayada en la
oración 1?

   A suyo amigo

   B sus amigos

   C su amigo

   D amigo suo

4. ¿Qué pronombre personal
podría reemplazar la palabra
subrayada en la oración 2?

   A Ellos

   B Tú

   C Ella

   D Él

5. ¿Qué pronombre personal
podría reemplazar las palabras
subrayadas en la oración 5?

   A Ellos

   B Ellas

   C Nosotros

   D Ustedes

6. ¿En qué oración hay un
pronombre personal mal
escrito?

   A oración 3

   B oración 4

   C oración 5

   D oración 6

Nombre _____

▶ **Tacha las palabras que terminen en -*nte* y
podrás llegar a la meta. Después responde
las preguntas de abajo.**

partida	practicante	blando	aclarado	plomo	chocante	**meta**
caballo	picante	interesante	carrera	endulzante	estudiante	jefe
arco	variedad	danzante	autos	caminante	aire	este
calles	jinete	vigilante	creciente	cantante	buen	público

1. ¿Quién es el que estudia? _____

2. ¿Quién es el que canta? _____

3. ¿Quién vigila? _____

4. ¿Qué endulza? _____

5. ¿Cómo es el chile? _____

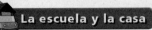
La escuela y la casa

Pida al estudiante que lea en voz alta las
palabras. Pídale que escriba una crónica
usando cinco palabras que terminen en -*nte*.

126

Cuaderno de práctica
© Harcourt • Grado 3

► **Parte A Escribe el significado de cada palabra en negrita. Subraya las claves que te ayudaron a darte cuenta del significado de esa palabra.**

1. Mamá me pidió que guardara los tenedores en el cajón con los

   demás **utensilios**.

   Los utensilios son _____

2. Los nuevos anteojos de Mario **amplían** las cosas, les aumenta el

   tamaño y es más fácil que él las vea.

   Ampliar significa _____

3. Los **ciudadanos** que viven en nuestro país eligen al presidente.

   Ciudadanos significa _____

4. Todo el ruido y la confusión creó una gran **conmoción**.

   Conmoción significa _____

5. El coleccionista afirmó que fue difícil encontrar las obras de arte

   extrañas que no todas las personas conocen.

   Extrañas significa _____

► **Parte B Completa los espacios en blanco con algunas palabras en negrita que se mencionaron anteriormente.**

6. Pusimos la mesa con los platos, los vasos y los _____.

7. Patricia tiene que _____ la impresión pequeña para

   poder verla.

8. Debido a la _____ en el estadio, fue difícil conseguir

   un lugar para sentarse.

La escuela y la casa

Junto con el estudiante, busque otras palabras
desconocidas y use las claves del contexto para
determinar su significado.

▶ **Parte A Usa el significado de la palabra de vocabulario subrayada para completar cada oración.**

1. Debería pedir <u>consejos</u> si _____

_____

2. Si pidiera que me <u>recomienden</u> algo divertido para

hacer en un día lluvioso, tendría que ser algo en casa porque _____

_____

3. Pienso que mi abuelo es muy <u>sabio</u>, _____

_____

4. Siempre le <u>consultamos</u> todo a la maestra para

_____

▶ **Parte B Escribe una oración con las palabras de vocabulario** *edición* **y** *trazarte*.

_____

_____

_____

_____

_____

La escuela y la casa

Pida al estudiante que piense en una situación
en la que hayan dado consejos. Comente
la situación e incite al estudiante a que use
la mayor cantidad posible de palabras de
vocabulario.

128

Repaso: Palabras
que terminan en
-ar, -er, -ir, -al, -il
• • • • • • • • • • •
Lección 15

Nombre _____

▶ Busca en la sopa de letras palabras que
terminan *en -ar, -er, -ir, -al* o *-il*. Luego escribe las
palabras en el recuadro que corresponda.

t	r	i	g	a	l	j	b	d
f	v	e	s	t	i	r	a	i
e	t	y	l	r	p	e	i	n
b	o	e	a	a	w	m	l	e
r	i	g	y	e	i	a	a	r
i	s	z	u	r	q	r	r	a
l	x	a	d	a	e	y		l
i	n	f	a	n	t	i	l	t
a	z	i	r	p	u	y	p	ñ
p	o	l	i	c	i	a	l	p

┌─────────────────────────────┐   ┌─────────────────────────────┐
│ **Terminaciones** *-ar, -er, -ir* │   │ **Terminaciones** *-al, -il* │
│   │   │   │
│   │   │   │
│   │   │   │
│   │   │   │
│   │   │   │
│   │   │   │
│   │   │   │
└─────────────────────────────┘   └─────────────────────────────┘

La escuela y la casa

Pida al estudiante que lea en voz alta las
palabras. Después escojan dos palabras de cada
recuadro y trabajen juntos para escribir un
párrafo que las incluya.

Cuaderno de práctica
© Harcourt • Grado 3

▶ **Lee esta parte del borrador de un estudiante.
Después responde las preguntas a continuación.**

> **(1)** Yasmín escribe un artículo para el periódico escolar. **(2)** Ella informa las novedades de la escuela. **(3)** Ayer encontró un gatito negro en el patio de recreo. **(4)** Lo llevó a su clase. **(5)** Algunos compañeros no querían al gatito. **(6)** Pero el maestro se lo llevó a su casa.

1. ¿Cuál es el complemento directo en la oración 1?
   A un artículo
   B el periódico escolar
   C Yasmín
   D escribe

2. ¿Cuál es el pronombre de complemento en la oración 4?
   A Lo
   B llevó
   C su
   D clase

3. ¿Cuál es el adjetivo de la oración 3?
   A Ayer
   B negro
   C gatito
   D patio

4. ¿Qué pronombre de complemento podría reemplazar al gatito en la oración 5?
   A la
   B le
   C los
   D lo

5. ¿En qué oración hay un adjetivo que indica cantidad?
   A oración 5
   B oración 4
   C oración 3
   D oración 2

6. ¿Qué pronombre de complemento podría reemplazar la frase subrayada en la oración 2?
   A la
   B las
   C los
   D lo

▶ **Lee el artículo. Responde las preguntas sobre el propósito del autor en los espacios en blanco.**

Mi nombre es Guillermo Lopez. Me gustaría ser presidente del Consejo estudiantil. Creo que seré un buen presidente. Soy un estudiante responsable que tiene nuevas ideas para mejorar nuestra escuela.

Primero, quisiera trabajar con la escuela para cambiar el menú del almuerzo escolar. Creo que debería incluir algunas opciones saludables. También debería tener comidas para todos los gustos.

Después, quisiera que nuestra escuela tuviera un carnaval todos los años. Podríamos usar algo del dinero que recaudemos para comprar una computadora nueva para la biblioteca. Esto ayudaría a todos los estudiantes. Podríamos dar el resto del dinero a una buena causa. Esto ayudaría a toda la comunidad.

Si te gustan estas ideas, vota por mí para presidente del Consejo estudiantil.

1. ¿Cuál es el propósito del autor para escribir este artículo?

   _____

2. ¿Qué pistas te ayudaron a descubrir el propósito del autor?

   _____

   _____

3. ¿Qué quiere Guillermo que sepan los lectores?

   _____

   _____

   _____

   _____

La escuela y la casa

Escriba una historia con el estudiante. Decidan sobre el propósito del autor. ¿Será entretener, informar o persuadir?

Cuaderno de práctica
© Harcourt • Grado 3

▶ **Usa la información del diagrama para responder las preguntas a continuación.**

Diagrama de una carta amistosa

En el saludo, debes escribir a quien va dirigida la carta. La primera palabra y los nombres propios se escriben con mayúscula. Al final del saludo, deberás usar dos puntos.

El encabezamiento incluye la fecha. Comienza en el medio del renglón superior.

15 de noviembre de 2006 ◄

Querida Isabel:

¿Cómo estás? La pasé muy bien la última vez que te visité a ti y a tu hermano. Me alegra mucho que hayas podido asistir al concurso de talentos de la escuela. Me encanta escucharte cantar.

En el cuerpo de la carta, escribes el mensaje. La primera oración de cada párrafo se escribe con sangría.

Me gustaría que vinieras con tu familia a mi casa durante las vacaciones de invierno. Seguramente habrá mucha nieve cuando esté aquí. Podemos construir un muñeco de nieve en el jardín.

Cariños, ◄

La firma identifica al autor de la carta.

Nadia

La despedida incluye saludos como "adiós". Comienza con mayúscula y lleva una coma al final.

1. ¿Cuáles son las cinco partes de una carta amistosa? _____

_____

2. ¿Qué signos de puntuación usas en el saludo? ¿Qué escribes con

mayúsculas? _____

_____

3. ¿Qué se incluye en el cuerpo de una carta? _____

4. Busca la parte de la carta que dice "Cariños". ¿Cómo se llama?

_____

5. ¿Qué parte de la carta te indica quién la escribió? _____

La escuela y la casa

Pida al estudiante que use la información del diagrama para escribir una carta amistosa.

Cuaderno de práctica
© Harcourt • Grado 3

▶ Clasifica las palabras de ortografía relacionadas con el calendario y escríbelas en los espacios en blanco.

Días de la semana

1. _____

2. _____

3. _____

4. _____

5. _____

6. _____

Estaciones del año

7. _____

8. _____

9. _____

10. _____

Otras palabras del calendario

11. _____

12. _____

13. _____

14. _____

15. _____

Palabras de ortografía

1. primavera
2. día
3. otoño
4. semanas
5. jueves
6. viernes
7. años
8. noche
9. domingo
10. fecha
11. lunes
12. verano
13. miércoles
14. invierno
15. martes

MAYO

Sábado	Domingo	Lunes	Martes	Miércoles	Jueves	Viernes
				1	2	3
4	5	6	7	8	9	10
11	12	13	14	15	16	17
18	19	20	21	22	23	24
25	26	27	28	29	30	

La escuela y la casa

Escriba con el estudiante un poema corto que incluya palabras del calendario. Entregue el poema a miembros de la familia para que lo lean.

▶ **Lee el cuento. Luego, responde las preguntas a continuación.**

Dos ratones vivían en una granja: Malín y Tontín. Un día, la esposa del granjero colocó un enorme trozo de queso sobre la mesa de la cocina. Los ratones lo observaron y sus estómagos hicieron ruido.

—Ya sé cómo podemos apoderarnos del queso —dijo Malín—. Asustaré a la esposa del granjero para que choque contra la mesa y el queso se caiga al piso. Después, tú la asustarás para que corra y salga por la puerta.

Tontín negó moviendo la cabeza. —Yo conozco otra forma mejor —dijo. Tontín corrió hacia la cocina y comenzó a bailar de forma ridícula. La esposa del granjero reía y reía. Le gustó tanto la danza de Tontín que le regaló un gran trozo de queso. A Malín no le dio nada y por eso su estómago sigue haciendo ruido hasta el día de hoy.

1. ¿Quiénes son los dos personajes principales?

_____

2. ¿Qué quieren hacer?

_____

3. ¿En qué se parecen los personajes?

_____

_____

4. ¿En qué se diferencian los personajes?

_____

_____

 **La escuela y la casa**

Ayude al niño a comparar y contrastar dos personajes de un cuento. Pregúntele en qué se parecen y en qué se diferencian.

134

Cuaderno de práctica
© Harcourt • Grado 3

▶ **Encierra en un círculo la palabra que está relacionada con la oración.**

1. Es el día en que descansamos.

   miércoles   domingo   lunes

2. Es el primer mes del año.

   lunes   enero   diciembre

3. Es el mes que está entre mayo y julio.

   abril   agosto   junio

4. Es el día que viene después del jueves.

   viernes   miércoles   sábado

5. Es el tercer día de trabajo y de escuela de la semana.

   miércoles   viernes   domingo

Inténtalo

En una hoja aparte, escribe oraciones con las palabras encerradas en círculos. Lee las oraciones en voz alta a un compañero.

La escuela y la casa

Pida al estudiante que use tres de las palabras
encerradas en círculos para contar un cuento.

135

Nombre _____

▶ **Parte A**

**Escribe la palabra de vocabulario del siguiente
recuadro que complete cada oración.**

> disfrazado   astuto   abrazó
> tierno   quebradizos   encantado

1. Cuando usas una máscara para ocultar quién

   eres, estás _____.

2. Si algunos objetos son _____, significa que

   se pueden romper si los aprietas con fuerza.

3. Si alguien es _____ te puede jugar una broma.

4. Si puedes cortar algo fácilmente, es muy probable que esté

   _____.

5. En los cuentos de hadas siempre hay un bosque

   _____.

6. Ruth _____ a su abuela cuando llegó de visita.

▶ **Parte B**

Escribe una oración para responder cada pregunta.

1. ¿Qué podría hacer un hijo que dejara encantada a su madre?

   _____

   _____

2. ¿Cómo sabrías si un amigo está disfrazado?

   _____

   _____

La escuela y la casa

Ayude al estudiante a encontrar sinónimos
para las siguientes palabras de vocabulario:
tierno, encantado y *astuto*. Después, pídale que
seleccione una palabra y escriba una oración
con ella.

Nombre _____

Guía del lector

Lección 16

▶ **A medida que leas "Lon Po Po", completa el organizador gráfico con detalles sobre las diferencias y similitudes de los personajes. Luego, responde las preguntas.**

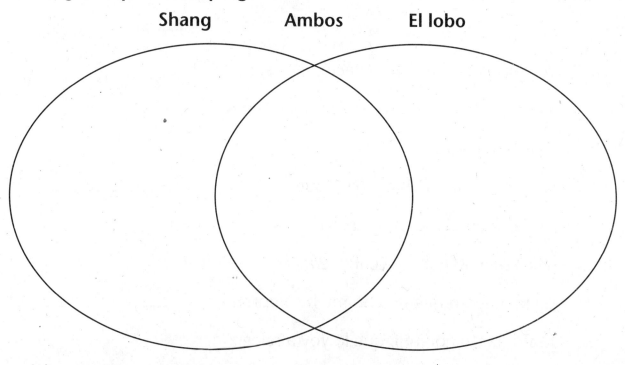

Shang   Ambos   El lobo

1. ¿En qué se diferencian Shang y el lobo?

_____

2. ¿En qué se parecen Shang y el lobo?

_____

_____

3. Escribe un resumen del cuento en una hoja de papel aparte. Usa el organizador gráfico como ayuda.

Cuaderno de práctica

© Harcourt • Grado 3

Nombre _____

Prefijos y sufijos
re-, in-, -ble, -ción
• • • • • • • • • • •
Lección 16

▶ **Subraya la palabra con el prefijo o el sufijo**
***re-, in-, -ble* o *-cion* en cada rima. Luego, escribe**
el prefijo o el sufijo en la
columna correcta.

	Prefijo	Sufijo
1. Tomás no aguantó la tentación de reirse a carcajadas. No sabe resistir las monerías y las bufonadas.	_____	_____
2. Samuel se hizo invisible para que nadie lo viera. Eso es un truco difícil que no lo hace cualquiera.	_____	_____
3. Leí un cuento que mucho me hizo aprender. Tanto, tanto aprendí, que lo voy a releer.	_____	_____
4. Si te sientes infeliz, no llores, por favor. Intenta sonreír, te sentirás mucho mejor.	_____	_____
5. No hay nada más apetecible que un barquillo de helado. Me gusta el chocolate, pero también la vainilla.	_____	_____
6. La evaporación del agua se produce por el calor. Cuando el agua hierve, se convierte en vapor.	_____	_____

La escuela y la casa

Lea cada palabra subrayada en voz alta al
estudiante. Pídale que indique el prefijo o sufijo
en cada una.

138

Cuaderno de práctica
© Harcourt • Grado 3

Nombre _____

▶ **Lee el cuento. Subraya las palabras que se relacionan con el calendario. Después escribe las palabras en los espacios en blanco.**

El miércoles por la noche, Esteban pensó en lo que haría el fin de semana. Iría a Florida a ver a su primo, al que no veía desde hace un año. El viernes quería salir temprano de su casa. Tenía pensado llevar la tabla para practicar en las olas.

Su hermana Susana le dijo que no llevara la tabla, ya que en esos días iba a llover. Esteban se rió y dijo: —Hermana, estamos en verano y en el mes de más calor.

—De todas maneras, si llueve podemos ayudar a tía a preparar la fiesta de cumpleaños para nuestro primo —agregó Susana.

La fiesta iba a ser el sábado. Pensó en el suyo, pero para diciembre aún faltaba mucho.

1. _____

2. _____

3. _____

4. _____

5. _____

6. _____

7. _____

8. _____

9. _____

10. _____

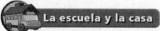
La escuela y la casa

Ayude al estudiante a escribir dos oraciones más para continuar el cuento. Pídale que incluya una nueva palabra del calendario en cada oración.

Cuaderno de práctica
© Harcourt • Grado 3

Nombre _____

▶ **Completa las oraciones con los adjetivos
correspondientes para que concuerden en género
con el sustantivo. Usa los adjetivos entre paréntesis.**

1. La mañana está _____. (linda / lindo)

2. Los zapatos son _____. (negras / negros)

3. Jugaremos tenis en un parque _____.

   (inmenso / inmensa)

4. Washington es una ciudad _____.

   (hermoso / hermosa)

5. En la montaña hay un oso _____. (parda / pardo)

6. Las puertas de su casa son _____.

   (amarillas / amarillos)

▶ **Completa las oraciones con los adjetivos correspondientes para que
concuerden en número con el sustantivo. Usa los adjetivos entre
paréntesis.**

7. Mi libro _____ está sobre la mesa. (grande / grandes)

8. El bosque tiene _____ aves. (muchas / mucha)

9. Hay un árbol _____ en nuestro patio.

   (grande / grandes)

10. Volaremos en un avión _____. (veloces / veloz)

11. Llegó un circo con _____ payasos. (colorido / coloridos)

12. Desde el espacio la Tierra se ve _____. (azules / azul)

La escuela y la casa

Trabaje con el estudiante para que haga una
lista de cosas de su casa. Ayúdelo a pensar
en adjetivos que describan cada cosa. Los
adjetivos deben concordar con los sustantivos
que modifican.

Cuaderno de práctica

Nombre _____

▶ Lee las palabras de ortografía. Escribe cada palabra en el grupo que corresponda.

Palabras agudas con tilde

1. _____
2. _____
3. _____
4. _____
5. _____
6. _____
7. _____
8. _____

Palabras agudas sin tilde

9. _____
10. _____
11. _____
12. _____
13. _____
14. _____
15. _____

Palabras de ortografía

1. colibrí
2. halcón
3. nadé
4. ratón
5. pincel
6. patín
7. detrás
8. allí
9. después
10. reloj
11. español
12. cantar
13. feliz
14. pared
15. volar

La escuela y la casa

Lea con el estudiante las etiquetas de los envases de los alimentos o de la ropa. Busquen palabras agudas y escríbanlas. Comenten la ortografía de estas palabras.

141

Cuaderno de práctica
© Harcourt • Grado 3

Nombre _____

▶ **Lee el comienzo de cada cuento. Después, responde las preguntas.**

Comienzo del cuento 1

Lin se detuvo en la cocina para esperar a Aki, su hermano mayor. Encendió la luz para poder ver en la cocina verde oscuro. Luego, abrió el armario junto al fregadero. Todo lo que necesitaba estaba allí. Sacó esponjas amarillas, una botella de detergente, paños y una botella de limpiador de vidrios. Aki bajó las escaleras de la cocina con dos baldes. Ahora, ya estaban listos para lavar el auto.

Comienzo del cuento 2

Ángela regó las flores de la mesa de la cocina. Jorgelina, su hermana, quitó los platos limpios. Cuando Jorgelina terminó, llegó la hora del juego de damas. Todos los días, después de limpiar la cocina, ellas jugaban a las damas sobre la mesa de la cocina. Ángela pensaba que el amarillo brillante de la cocina la mantenía concentrada y alerta.

1. ¿En qué se parecen los dos personajes principales?

_____

_____

2. ¿En qué se diferencian las dos familias?

_____

3. ¿En qué se parecen los dos escenarios?

_____

4. ¿En qué se diferencian los dos escenarios?

_____

_____

La escuela y la casa

Ayude al estudiante a comparar y contrastar dos objetos que haya en la habitación. Pídale que diga en qué se parecen esos objetos. ¿En qué se diferencian?

142

Nombre _____

▶ **Lee cada oración. Encierra en un círculo la palabra aguda. Después separa la palabra en sílabas y subraya la sílaba que se pronuncia con más fuerza.**

1. El delfín salta muy alto entre las olas del mar. _____

2. La pintura pierde el color con los años

    y la luz fuerte. _____

3. El vapor sale de la olla de sopa caliente. _____

4. La señora Sánchez tiene una blusa azul con

    botones dorados. _____

5. Ana guarda sus juguetes favoritos en

    un cajón de su mueble. _____

6. El próximo fin de semana volaré a España

    de vacaciones. _____

7. Jacinto toma el lugar de Carlos en la

    carrera de postas. _____

8. Aunque tiene mal sabor, Carolina siempre

    toma su medicamento. _____

9. Se acerca el turno de Alejandro de subir

    al escenario. _____

10. A Carla le gusta cantar en el coro

    de la escuela. _____

La escuela y la casa

Pida al estudiante que lea el voz alta las palabras que encerró en un círculo. Después pídale que use las palabras para escribir un cuento.

Cuaderno de práctica
© Harcourt • Grado 3

Nombre _____

▶ **Parte A Completa cada oración con una de las palabras de vocabulario del recuadro.**

> regañándolos   consolarla   adormilados
> bostezan   heroico   carga

1. Dos pilas pesadas de ropa son una _____ difícil de transportar.

2. Los niños con sueño lucen _____.

3. Un hombre valiente puede ser _____.

4. Una razón para abrazar a una persona es _____ cuando se siente mal.

5. Cuando las personas _____, generalmente, es porque tienen sueño.

6. Si les hablo a unos niños de manera dura, probablemente estoy _____.

▶ **Parte B Escribe una respuesta para cada pregunta.**

1. ¿Por qué a veces las personas **bostezan** cuando miran televisión?

_____

2. ¿Por qué a veces nos sentimos **adormilados**?

_____

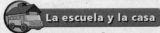
La escuela y la casa

Pregunte al estudiante en qué situación un salvavidas podría ser heroico. Pídale que describa la acción heroica.

Cuaderno de práctica
© Harcourt • Grado 3

▶ A medida que leas "Dos Ositos", completa el organizador gráfico con detalles acerca de las diferencias y similitudes entre Hermano Mayor y Hermano Menor. Luego, responde las preguntas.

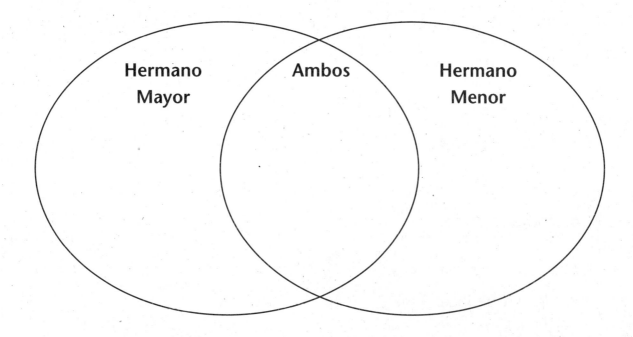

Hermano Mayor   Ambos   Hermano Menor

1. ¿En qué se diferencia Hermano Mayor de Hermano Menor?

_____

_____

2. ¿En qué se parecen Hermano Menor y Hermano Mayor?

_____

_____

▶ Escribe un resumen del cuento en una hoja de papel aparte. Usa el organizador gráfico como ayuda.

Cuaderno de práctica

▶ **Forma una palabra con cada raíz y con cada prefijo o sufijo. Luego, escribe una oración con cada palabra que hayas formado.**

1. des + acuerdo

_____.

2. lenta + mente

_____.

3. comer + iendo

_____.

4. cantar + ando

_____.

5. des + obedecer

_____.

6. plácida + mente

_____.

7. escribir + iendo

_____.

Nombre _____

▶ **Lee cada oración. Encierra en un círculo la palabra aguda. Luego, completa la oración con la palabra que seleccionaste.**

1. La ardilla _____ lista para dar un gran salto.

   estuvo   está   estaría

2. Es sabroso, dulce y se puede tomar con leche; es el

   _____.

   café   agua   vino

3. Mario le muestra su nuevo _____ a su amigo Luis.

   bolso   pincel   abrigo

4. El taxi amarillo _____ pasajeros desde el aeropuerto

   al hotel.

   trae   llevará   toma

5. _____ de la tormenta, el sol aparece entre las nubes.

   Antes   Luego   Después

6. La familia se reúne a cenar en el _____.

   comedor   cocina   dormitorio

La escuela y la casa

Recuerde al estudiante que las palabras agudas son las que se pronuncian con más fuerza en la última sílaba. Pídale que busque tres palabras agudas en un libro favorito y escriba oraciones con ellas.

Cuaderno de práctica
© Harcourt • Grado 3

Nombre _____

▶ **Escribe las formas comparativas** *tan… como,*
más… que y *menos… que* **con el adjetivo**
que aparece entre paréntesis.

Ejemplo: (pequeño)	más pequeño que	menos pequeño que	tan pequeño como
1. (dulces)	_____	_____	_____
2. (rojo)	_____	_____	_____
3. (altas)	_____	_____	_____
4. (frío)	_____	_____	_____
5. (clara)	_____	_____	_____
6. (ricos)	_____	_____	_____

▶ **Vuelva a escribir las oraciones en forma correcta.**

7. Su casa es más baja de todas. Es bajisma.

_____

8. Júpiter es el grande de los planetas. Es grandísismo.

_____

9. El mapache es el más amistosos de los animales. Es amistísimo.

_____

10. Este río es lo más hondo de todos. Es hondísmo.

_____

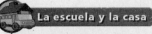

La escuela y la casa

Túrnese con el estudiante escribiendo
oraciones que comparen cosas de su casa.
(Ejemplos: *Esta planta es más alta que esta*
otra. Esta taza es la más grande de la casa).

148

Nombre _____

▶ Lee las palabras de ortografía. Luego, escríbelas en el grupo de la tabla que corresponda.

Palabras llanas que llevan acento escrito	Palabras llanas que no llevan acento escrito
1. _____	6. _____
2. _____	7. _____
3. _____	8. _____
4. _____	9. _____
5. _____	10. _____
	11. _____
	12. _____
	13. _____
	14. _____
	15. _____

Palabras de ortografía

1. marinero
2. gemelos
3. chocolate
4. Andes
5. ágil
6. salten
7. árbol
8. fácil
9. ternero
10. agotados
11. repasen
12. lápiz
13. famosos
14. ámbar
15. diente

La escuela y la casa

Pida al estudiante que vuelva a contar un cuento corto conocido mientras usted lo escribe. Luego, pídale que encierre en un círculo todas las palabras llanas que encuentre.

Cuaderno de práctica

► Lee el cuento. Encierra en un círculo la letra que corresponda a la respuesta más adecuada para cada pregunta. Subraya las pistas en el cuento que te ayudaron a responder la primera pregunta.

Las ruedas de Alicia

—No puedo lograr que este kart funcione —se lamentaba Alicia. Puso a un costado la rueda que había intentado colocar en el carro. —¡Estoy cansada de intentarlo!

Su madre recogió la rueda. —Funcionará. Sólo tienes que seguir intentando.

—Pero está muy feo —dijo Alicia—, ¡y no lo puedo arreglar! Salió corriendo del garaje hacia su cuarto.

Esa noche, Alicia no podía dormir. Pensaba en su kart. Lentamente, comenzó a pensar en formas de mejorarlo. Se le ocurrió cómo hacer para fijar las ruedas de manera que no se salieran. Decidió pintar el kart para que no luciera tan aburrido. Por la mañana, fue apurada hasta el garaje. Antes de que su madre se levantara, Alicia ya estaba concentrada en su trabajo. Cuando su madre entró al garaje, se sorprendió.

—¡Vaya Alicia, tu kart se ve increíble! —exclamó.

—Y mira —dijo Alicia, mientras conducía afuera del garaje. —¡tengo ruedas!

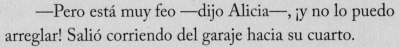

1. ¿Cuál es el tema de este cuento?
   A   Hacer un kart es fácil.
   B   Inclusive cuando algo sea difícil de realizar, hay que seguir intentándolo y quizás lo logres.
   C   No sigas intentando algo que sea difícil de lograr.
   D   Tener ruedas es increíble.

2. ¿Cuál es una de las pistas que te ayudó a identificar el tema?
   A   Alicia no podía dormir.
   B   Su madre recogió la rueda.
   C   Alicia no podía arreglar el kart.
   D   Alicia estaba concentrada en su trabajo.

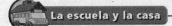
La escuela y la casa

Pida al estudiante que invente un cuento con este mismo tema.

Cuaderno de práctica
© Harcourt • Grado 3

Nombre _____

▶ **Lee el cuento. Busca las palabras llanas y subráyalas. Escribe cada palabra llana en la columna que corresponda de la tabla.**

> Mabel, Carlos y su mamá caminaban por un jardín botánico. En el césped, Carlos encontró una roca que le llamó la atención.
>
> —Será mi piedra especial —dijo Carlos.
>
> —¡Qué bonita! —exclamó Mabel.
>
> —¿Busquemos más?
>
> Fue difícil hallar más. Entonces Carlos decidió hacer feliz a Mabel y le regaló la suya.

Llanas que terminan en vocal	Llanas que terminan en -*n*

Llanas que terminan en -*s*	Llanas que terminan en otra consonante

La escuela y la casa

Pida al estudiante que diga otras cinco palabras llanas y que las agregue a la tabla de arriba.

Cuaderno de práctica
© Harcourt • Grado 3

Nombre _____

▶ **Usa las palabras de vocabulario del recuadro para completar las oraciones.**

estupendo	recuerdo	cautelosamente
arruinado	cruzaban	arranqué

1. Si observas algo _____, seguramente es algo

   muy hermoso.

2. _____ unas naranjas del árbol

   y las puse en una cesta.

3. El gato caminó _____ por el

   césped mientras observaba al pájaro.

4. Nuestro viaje en cohete quedó

   _____ cuando aterrizó de costado.

5. Los aviones _____ el cielo dibujando figuras graciosas.

6. Mi _____ favorito es el de mi gatito jugando con una

   mariposa.

La escuela y la casa

Ayude al estudiante a escribir una oración
con dos de las palabras de vocabulario.

152

Cuaderno de práctica
© Harcourt • Grado 3

▶ **A medida que leas "El tío Romi y yo", completa el organizador gráfico para comprender la estructura y el tema del cuento. Usa los números de página para buscar la información que debes escribir en cada casilla.**

Sección 1 páginas 90, 91

| **Personajes**
Jaime, el tío Romi, la tía Nanette | **Escenario** |

Sección 2 páginas 90, 98.   Trama

| **Problema** |

Sección 3 páginas 91, 93, 94, 98, 99, 101, 103, 104, 105, 106

| **Sucesos** |

Sección 4 páginas 100, 103

| **Solución** |

| **Tema** |

Nombre _____

▶ **Estas instrucciones indican cómo hacer un avión de papel. Agrega a cada paso una palabra del recuadro que indica orden cronológico. Escribe la palabra en el espacio en blanco.**

| segundo   primero   a continuación   tercero   finalmente |

Cómo hacer un avión de papel

1. _____, toma una hoja de papel.

2. _____, dobla uno de los extremos de la hoja hasta la mitad. Haz lo mismo con el otro extremo. Te quedará formada una punta en uno de los extremos de la hoja.

3. _____, une los otros lados de la hoja. Te quedará una punta aún más afilada en el mismo extremo.

4. _____, vuelve a doblar los bordes de manera que los bordes en diagonal queden juntos.

5. _____, estás listo para hacer volar el avión. Gíralo, coloca los dedos sobre el borde inferior y hazlo planear por el aire.

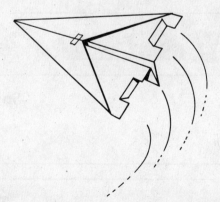

La escuela y la casa

Pida al estudiante que repita con sus propias palabras las instrucciones para hacer un avión de papel. Anímelo a usar palabras que indican el orden cronológico.

Cuaderno de práctica
© Harcourt • Grado 3

▶ **Completa cada oración con la palabra llana que está bien escrita.**

1. Diego y Juan son _____ desde el primer grado. (amigos, amígos)

2. Camila _____ en la piscina dos veces por semana. (entrena, entréna)

3. Los osos _____ con su mamá varios años. (viven, víven)

4. Sergio tiene una casita en el _____ más grande de su patio.

   (arbol, árbol)

5. Voy a la escuela _____ días a la semana. (cinco, cínco)

6. ¿Me prestas tu _____ rojo? (lápiz, lapiz)

7. Fue una _____ encontrar a los tíos en el cine. (sorprésa, sorpresa)

8. La _____ me enseñó a preparar el pastel favorito de papá.

   (abuéla, abuela)

9. Me gusta jugar _____ después de clases. (beisbol, béisbol)

10. La luz verde _____ que podemos seguir. (indíca, indica)

La escuela y la casa

Pida al estudiante que lea las palabras llanas en voz alta y que explique por qué llevan acento escrito las palabras *lápiz* y *árbol*. Las palabras llanas llevan acento escrito cuando no terminan en *vocal*, *-n* ni *-s*.

Cuaderno de práctica
© Harcourt • Grado 3

Nombre _____

▶ **Usa los artículos que correspondan para completar las oraciones.**

1. Se me quedó _____ cuaderno de matemáticas en _____ casa.

2. Había _____ vez _____ príncipe que vivía muy lejos.

3. En _____ escritorio están mis libros junto a _____ flauta.

4. Desde Texas enviaron _____ cartas y _____ postal.

5. Vimos pasar _____ niños guiados por _____ maestro.

6. _____ cañón del Colorado es muy profundo y _____ montañas

   Rocosas son altísimas.

7. Ayer trajeron _____ nueva mesa y _____ cómodos sillones.

8. Esa ventana tiene _____ vidrios limpios, pero _____ puerta está

   manchada.

9. _____ paraguas están en _____ armario.

▶ **Escribe una oración con cada artículo. Encierra en un círculo el artículo y subraya el sustantivo al que acompaña.**

10. los _____

11. una _____

12. el _____

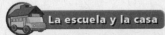
La escuela y la casa

Pida al estudiante que escriba cuatro oraciones
sobre una visita o excursión, usando los
artículos *un, una, unos, unas,* y *el, la, los, las.*
Pídale que encierre en un círculo cada artículo
y dibuje una flecha hacia el sustantivo al que
acompaña.

Cuaderno de práctica

Nombre _____

▶ Clasifica las palabras de ortografía con tres y cuatro sílabas y escríbelas en el grupo que corresponda.

Palabras esdrújulas de tres sílabas

1. _____
2. _____
3. _____
4. _____
5. _____
6. _____
7. _____
8. _____
9. _____
10. _____
11. _____

Palabras esdrújulas de cuatro sílabas

12. _____
13. _____
14. _____
15. _____

Palabras de ortografía

1. brújula
2. sílabas
3. pelícano
4. México
5. cántaro
6. sinónimo
7. péndulo
8. árbitro
9. época
10. única
11. esférica
12. plástico
13. fanático
14. fábulas
15. cómica

La escuela y la casa

Escriba con el estudiante tantas palabras esdrújulas como pueda. Use un diccionario para verificar la ortografía.

157

▶ **Lee el cuento. Después, encierra en un círculo la letra que corresponda a la respuesta más adecuada para cada pregunta.**

A la gata Nara le encantaba soñar despierta. Soñaba con vivir en un palacio. Soñaba con platos deliciosos y un criado que le cepillara el pelo. Cuando su dueño se le acercaba, ella refunfuñaba. No quería jugar. Sólo quería soñar despierta.

El muchacho creció y se mudó, entonces Nara fue a un nuevo hogar. Allí, nadie le hablaba jamás. Tampoco nadie iba a jugar con ella. Tenía tiempo para soñar despierta, pero no era feliz. Extrañaba su antiguo hogar.

"Desearía haberle prestado más atención a mi dueño," pensaba. "Nos podríamos haber divertido. Ahora estoy sola. Mis sueños eran sólo sueños. ¡Oh! ¿Por qué fui tan tonta?"

1. ¿Qué hacía Nara en vez de jugar?

   A Comía y comía.

   B Se escapaba.

   C Dormía al sol.

   D Soñaba con un lugar diferente.

2. ¿Cómo se sintió Nara en su nuevo hogar?

   A Estaba asustada y nerviosa.

   B Era infeliz.

   C Estaba feliz y contenta.

   D Tenía frío y estaba cansada.

3. ¿Cuál es el tema de este cuento?

   A Trata de disfrutar la vida que tienes.

   B Los sueños son mejores que la vida real.

   C Siempre trata de vivir en un palacio.

   D Los gatos tienen hábitos raros.

La escuela y la casa

Comente con el estudiante un cuento que haya leído. ¿Qué mensaje intentó enseñar el autor del cuento?

Cuaderno de práctica
© Harcourt • Grado 3

▶ Busca 15 palabras esdrújulas en la sopa de letras. Encierra en un círculo las palabras que encuentres.

r	t	e	l	y	k	w	r	w	t	g	e
t	l	á	m	p	a	r	a	e	í	s	y
p	r	í	n	c	i	p	e	t	p	e	p
s	p	v	a	l	d	í	s	c	i	h	á
r	l	s	e	x	p	u	t	i	c	u	j
r	á	p	i	d	o	t	ó	e	o	s	a
m	g	a	n	c	y	n	m	n	a	á	r
á	r	b	o	l	e	s	a	t	s	b	o
q	i	c	s	a	t	e	g	í	c	a	s
u	m	w	m	h	m	k	o	f	r	d	w
i	a	d	u	l	ú	l	t	i	m	o	k
n	x	g	p	p	s	p	a	c	b	u	o
a	o	f	ú	n	i	c	a	o	e	o	l
f	á	b	r	i	c	a	p	i	l	l	ñ
m	m	e	s	j	a	r	o	z	a	r	o

La escuela y la casa

Pida al estudiante que lea en voz alta las palabras que encontró en la sopa de letras.

159

Cuaderno de práctica
© Harcourt • Grado 3

Nombre _____

▶ **Escribe la palabra de vocabulario del recuadro que corresponda a cada grupo de palabras.**

veloces	vanidoso	abandonar
sugirió	enorme	exclamó

1. dijo

   en voz alta

   _____

2. dejar

   renunciar

   _____

3. presumido

   orgulloso

   _____

4. grande

   gigante

   _____

5. rápidos

   correr

   _____

6. recomendó

   ofreció

   _____

▶ **Completa cada oración.**

7. Un **vanidoso** se mira en el espejo porque _____.

8. Los corredores **veloces** ganan carreras porque _____

   _____.

9. Un sándwich **enorme** sería muy difícil de comer porque _____

   _____.

10. Nunca hay que **abandonar** una labor difícil sin antes _____

   _____.

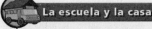
La escuela y la casa

Nombre con el estudiante un animal que sea enorme. Luego, nombre varios animales que sean veloces.

160

Cuaderno de práctica
© Harcourt • Grado 3

▶ **Completa los recuadros con información del cuento. Como hay muchos personajes, escribe sólo los cinco personajes principales. Escribe un resumen del tema al final de la página.**

Sección 1 páginas 123, 126, 128–130, 132

Personajes	Escenario

Trama

Sección 2 páginas 131–132

Problema

Sección 3 páginas 128–130

Sucesos importantes

Sección 4 páginas 132, 134

Solución

Tema

▶ **Usa la información de lo anterior para escribir un resumen del cuento en una hoja de papel aparte.**

▶ **Las siguientes instrucciones están desordenadas. Vuelve a escribirlas en los espacios en blanco. Usa las palabras que indican orden cronológico para buscar el orden correcto.**

Cómo enseñarle a un perro a "sentarse"

Tercero, presiona suavemente sobre la parte inferior del lomo hasta que el perro se siente.

Segundo, dile "sentado" con voz firme.

Luego, repite la lección hasta que el perro se siente solo.

Primero, asegúrate de que el perro esté parado y mirando hacia ti.

A continuación, dile "¡Buen perro!" y trátalo amablemente.

Finalmente, recuerda siempre cuidar muy bien a tu perro.

_____

_____

_____

_____

_____

_____

_____

_____

La escuela y la casa

Pida al estudiante que escriba las instrucciones para alguna actividad que realiza todos los días.

Cuaderno de práctica
© Harcourt • Grado 3

▶ **Lee el cuento. Busca las palabras esdrújulas.**
Escribe las palabras en los espacios en blanco.

Ángela, la ranita

Ángela, la ranita, estaba en su casa. Ella quería salir al patio a jugar con sus amigas, pero su mamá no la dejaba. Afuera llovía a cántaros. Entonces, sin avisar a su mamá, saltó rápido al patio y cayó cerca de los álamos, que eran los árboles más altos del patio. Allí había dos murciélagos idénticos colgando de los pies.

—¡Brrr! Esto es tan frío como un témpano de hielo— dijo uno de ellos.

—Perdimos nuestra brújula y no sabemos dónde estamos.

La ranita volvió a casa. Pidió permiso a su mamá e invitó a sus nuevos amigos a entrar para que se calentaran. Ahora comparten una rica merienda a la luz de una lámpara.

1. _____

2. _____

3. _____

4. _____

5. _____

6. _____

7. _____

8. _____

9. _____

10. _____

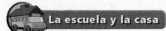
La escuela y la casa

Pida al estudiante que escoja tres palabras de la lista y que escriba oraciones con ellas.

Cuaderno de práctica
© Harcourt • Grado 3

Nombre _____

▶ **Vuelve a escribir cada oración. Usa la forma correcta del verbo entre paréntesis.**

1. Tío Abel (maneja/manejan) un tractor grande.

_____

2. Muchos niños (visita/visitan) los museos.

_____

3. Tú (sales/salen) al parque por las tardes.

_____

4. Yo (leo/leemos) muchas historietas en invierno.

_____

5. La ardillas (salta/saltan) de una rama a otra.

_____

6. Su abuela (cocina/cocinan) un rico pavo.

_____

7. Nosotros (nadan/nadamos) en una piscina grande.

_____

8. Las liebres, los monos y los loritos (come/comen) semillas en el zoológico.

_____

_____

La escuela y la casa

Pida al estudiante que escriba cuatro oraciones, usando verbos de acción en tiempo presente. Pídale que subraye cada verbo y escriba *S* (singular) o *P* (plural) sobre cada sujeto.

Cuaderno de práctica
© Harcourt • Grado 3

▶ **Lee las palabras del recuadro. Escribe las palabras en la columna de la tabla que corresponda.**

lunes	viernes	febrero	sábado	verano
primavera	diciembre	jueves	invierno	martes
junio	miércoles	enero	mayo	julio

Palabras del calendario		
Días de la semana	Meses del año	Estaciones del año
_____	_____	_____
_____	_____	_____
_____	_____	_____
_____	_____	
_____	_____	

1. ¿Qué día de la semana falta en el recuadro?

_____

2. ¿Cuáles son los meses del año que faltan en el recuadro?

_____

3. ¿Qué estación del año falta en el recuadro?

_____

La escuela y la casa
Pida al estudiante que ordene los meses del año y que los diga en voz alta.

Cuaderno de práctica
© Harcourt • Grado 3

Nombre _____

▶ **Encierra en un círculo la palabra aguda de cada oración. Después completa el crucigrama con las palabras encerradas en un círculo.**

Horizontal

2. Mi hermano quiere pintar mi habitación.

3. Pedro le pasa un tenedor a su hermano.

4. Mario desayuna tostadas y café.

8. Me gusta el pantalón verde.

Vertical

1. El gato de mi primo es muy regalón.

5. Mi mamá quiere una torta.

6. Claudia perdió su turno en el juego.

7. No quiero esa camiseta azul.

Pida al estudiante que diga otras palabras agudas. Pídale que escriba oraciones con esas palabras.

Cuaderno de práctica
© Harcourt • Grado 3

Nombre _____

▶ **Encierra en un círculo la palabra llana. Después separa la palabra en sílabas en el espacio en blanco.**

1. dulce   comer   época   _____

2. médico   lápiz   veloz   _____

3. pájaro   sofá   móvil   _____

4. árbol   lector   lámina   _____

5. teléfono   joven   húmedo   _____

6. fósil   oración   canal   _____

7. compás   césped   décimo   _____

8. frágil   feliz   jarrón   _____

9. barco   sílaba   jardín   _____

10. Japón   lámpara   cena   _____

La escuela y la casa

Pida al estudiante que diga en voz alta las palabras llanas de arriba y que aplauda cuando diga la sílaba que pronuncia con más fuerza.

167

▶ **Lee las pistas para identificar la palabra esdrújula.
Encierra la palabra esdrújula en un círculo.**

1. Sirve para hablar con personas que están lejos.

   teléfono   carta   televisión

2. Trabaja en un hospital y da medicamentos a los enfermos.

   enfermera   médico   auxiliar

3. Se dice de algo que no está seco ni está mojado.

   húmedo   empapado   seco

4. Vuela, canta y come semillas.

   pájaro   pez   serpiente

5. Sirven para escribir y dibujar.

   lápices   hojas   papel

6. Es un día después del martes y antes del jueves.

   lunes   viernes   miércoles

7. Cuando se enciende, ilumina la habitación.

   lámpara   ampolleta   linterna

La escuela y la casa

Recuerde al estudiante que las palabras
esdrújulas siempre llevan acento en la sílaba
antepenúltima. Pídale que busque
otra palabra esdrújula en una revista o en el
periódico y que escriba una oración con ella.

▶ Usa las pistas para descifrar la palabra de vocabulario con las letras mezcladas. Luego, escribe la palabra y una definición que le corresponda en el espacio en blanco.

versiones	ensayar	obligatorios
criticar	involucrar	diálogo

1. Si deseas jugar al fútbol, debes respetar los requisitos <u>giltobosraio</u>.

_____

2. A la hora de <u>sanyear</u>, asegúrate de pronunciar lo que te toca decir claramente.

_____

3. Muchos pintores realizan diferentes <u>siervseon</u> de bocetos antes de comenzar a pintar.

_____

4. Después de <u>ticriarc</u> un trabajo, las maestras sugieren a los estudiantes la manera de mejorarlo.

_____

5. Fue un gran error <u>vionulcarr</u> a esas personas en este tema.

_____

6. Un <u>logdoai</u> en un libro puede indicarte mucho acerca de las características de un personaje.

_____

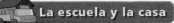

La escuela y la casa

Pida al estudiante que escriba otras oraciones usando las palabras de vocabulario.

Cuaderno de práctica
© Harcourt • Grado 3

Nombre _____

▶ **Lee el pasaje. Luego, completa la tabla para comparar y contrastar las ranas y los sapos.**

Ranas y sapos

Si bien las ranas y los sapos son similares, difieren en varios aspectos. Tanto las ranas como los sapos son anfibios. Viven en el agua y en la tierra, nacen de huevos como renacuajos. Ambos pueden emitir sonidos al pasar el aire a través de sus gargantas. También tienen glándulas especiales en sus pieles que hacen que sus cuerpos tengan un sabor que a los predadores no les guste.

Sin embargo, las ranas tienen una piel húmeda y suave, y los sapos, una piel más seca y áspera. Además, las ranas poseen patas traseras largas y pueden saltar más alto y más lejos que los sapos. Pero los sapos pueden caminar. Finalmente, las ranas poseen pequeños dientes, a diferencia de los sapos que no tienen dientes.

La próxima vez que veas una rana, detente y mírala. ¡Podría ser un sapo!

Sólo ranas	Ranas y sapos	Sólo sapos

La escuela y la casa

Pida al estudiante que mencione dos de sus animales preferidos y escriba oraciones comparándolos y contrastándolos.

Cuaderno de práctica
© Harcourt • Grado 3

▶ **Lee el cuento. Luego, responde las preguntas a continuación.**

> El mayor deseo de Olivia era ser cantante.
>
> Durante la práctica coral, Carlos le dijo: Tu voz es demasiado chirriante y aguda. ¡Parece como si te hubieras tragado un cactus!
>
> Olivia intentó ignorarlo. Su voz no sonaba como la de los demás cantantes. La voz de Carlos era suave, ni demasiado grave ni demasiado aguda.
>
> —Hoy traje canciones nuevas —dijo la Srta. Castillo a la clase—. Cada uno escogerá una canción para cantar que se adecue a su voz.
>
> Olivia estaba nerviosa. Se preguntaba qué canción podría adecuarse a su voz áspera. Preocupada, Olivia se dirigió a la Srta. Castillo.
>
> —Sé que tengo problemas con mi voz —le dijo Olivia en voz baja.
>
> La Srta. Castillo sonrió. —Tengo una canción especial para ti. Muchos cantantes de *jazz* famosos tenían la voz parecida a la tuya. Creo que una canción de *jazz* será perfecta.

1. ¿Cómo es la voz de Olivia? _____

2. ¿Por qué está nerviosa Olivia? _____

_____

3. ¿Por qué elige la Srta. Castillo una canción de jazz para Olivia?

_____

_____

4. ¿Cuál es el posible tema del cuento? _____

_____

_____

La escuela y la casa

Pida al estudiante que explique las pistas del cuento que usó para determinar el tema.

171

Nombre _____

▶ **Subraya los prefijos o sufijos en cada palabra. Luego, escribe el significado de la palabra.**

Palabra   **Definición**

1. releer   _____

2. desaprobar   _____

3. perezosamente   _____

4. incómodo   _____

5. poderoso   _____

6. niñez   _____

7. inesperado   _____

8. imposible   _____

9. estudioso   _____

10. descontar   _____

La escuela y la casa

Ayude al estudiante a formar otras palabras
con los sufijos y prefijos de la primera columna.

Cuaderno de práctica
© Harcourt • Grado 3

Nombre _____

**▶ Sigue las instrucciones para realizar un dibujo
en el espacio de abajo.**

Primero, dibuja un cuadrado.

Segundo, dibuja un círculo grande dentro del cuadrado.

Tercero, dibuja dos triángulos dentro del círculo.

Cuarto, dibuja una estrella debajo de los triángulos.

Por último, escribe en el renglón los nombres de todas las figuras
que dibujaste.

Figuras: _____

La escuela y la casa

Indique verbalmente al estudiante las
instrucciones para realizar un dibujo. Asegúrese
de usar palabras que indican orden cronológico.
Luego, intercambie roles y pídale que le indique
las instrucciones a usted.

Cuaderno de práctica

▶ Dobla la hoja por la línea punteada. A medida
que el maestro lea en voz alta cada palabra de
ortografía, escríbela en el espacio en blanco.
Después, desdobla la hoja y comprueba tu
trabajo. Como práctica, escribe correctamente
las palabras que escribiste con errores.

1. _____
2. _____
3. _____
4. _____
5. _____
6. _____
7. _____
8. _____
9. _____
10. _____
11. _____
12. _____
13. _____
14. _____
15. _____

Palabras de ortografía

1. lunes
2. fecha
3. colibrí
4. español
5. detrás
6. reloj
7. feliz
8. cantar
9. chocolate
10. agotados
11. ágil
12. ámbar
13. pelícano
14. sílabas
15. fanático

▶ Lee esta parte del borrador de un estudiante.
Después responde las preguntas a continuación.

> **(1)** Ayer hubo una lindísima muestra de arte en la biblioteca.
> **(2)** _____ niños expusieron sus obras. **(3)** Yo presenté dos pinturas.
> **(4)** Había algunas más grandes que otras en el salón. **(5)** También
> había _____ fotografías y dos esculturas amarillas. **(6)** Las esculturas
> eran más interesantes las fotografías.

1. ¿En qué oración se usa la forma correcta de un adjetivo comparativo?

   A oración 3
   B oración 4
   C oración 5
   D oración 6

2. ¿A qué oración le falta la palabra *que*?

   A oración 3
   B oración 4
   C oración 5
   D oración 6

3. ¿En qué oración hay un adjetivo superlativo?

   A 1
   B 2
   C 4
   D 6

4. ¿Qué adjetivo completa correctamente el espacio en blanco de la oración 5?

   A pequeña
   B pequeño
   C pequeñas
   D pequeños

5. ¿En qué oración hay un adjetivo que indica color?

   A oración 1
   B oración 3
   C oración 4
   D oración 5

6. ¿Qué oración no tiene un adjetivo?

   A oración 2
   B oración 3
   C oración 4
   D oración 5

▶ **Lee esta parte del borrador de un estudiante.**
Después responde las preguntas a continuación.

> **(1)** Sebastián entrevista a su padre para un boletín de noticias de
> la escuela. **(2)** Le hace algunas preguntas y luego escribe la respuestas.
> **(3)** _____ preguntas son acerca del trabajo de su padre. **(4)** Él es una
> climatólogo destacado. **(5)** El padre de Sebastián hace investigaciones
> sobre el clima y sus ayudantes las aplica. **(6)** Los compañeros de Sebastián
> aplauden el informe que escribió.

1. ¿En qué oración debe
cambiarse el artículo por *un*?

A   oración 1

B   oración 2

C   oración 4

D   oración 6

2. ¿Qué palabra puede completar
el espacio de la oración 3?

A   Una

B   Un

C   Las

D   La

3. ¿En qué oración el artículo no
concuerda con el sustantivo
en plural?

A   oración 1

B   oración 2

C   oración 4

D   oración 6

4. ¿Qué verbo de acción no
concuerda con su sujeto?

A   entrevista (oración 1)

B   escribe (oración 2)

C   hace (oración 5)

D   aplica (oración 5)

5. ¿Qué oración tiene sólo un
verbo de acción?

A   oración 1

B   oración 2

C   oración 5

D   oración 6

6. ¿En qué oración el verbo de
acción concuerda con el sujeto
en plural?

A   oración 1

B   oración 2

C   oración 4

D   oración 6

▶ Lee las palabras de ortografía. Luego, escribe cada palabra en el grupo que corresponda.

Palabras de dos letras

1. _____

2. _____

3. _____

4. _____

5. _____

Palabras de tres letras

6. _____

7. _____

8. _____

9. _____

10. _____

11. _____

12. _____

13. _____

14. _____

15. _____

Palabras de ortografía

1. mar
2. por
3. vi
4. mi
5. hoy
6. luz
7. ve
8. hay
9. doy
10. la
11. fue
12. tan
13. soy
14. no
15. sol

La escuela y la casa

Comente el patrón silábico de las palabras *doy* y *fue* con el estudiante. Pídale que piense en otras palabras que tengan el mismo patrón silábico.

177

Cuaderno de práctica
© Harcourt • Grado 3

► **Lee el pasaje y responde las preguntas.**

Roald Amundsen (1872–1928) fue un explorador polar de Noruega. Se le conoce por haber realizado la primera expedición exitosa al Polo Sur la cual duró de 1910 a 1912.

Antes de realizar sus propias expediciones, Amundsen fue miembro de la Expedición Antártida Belga (1897–1899). Ese viaje le enseñó a sobrevivir los rigores de la Antártida. Más tarde usaría lo que aprendió en sus propias expediciones.

En 1910, Amundsen y su tripulación partieron hacia el Polo Sur. A bordo del barco *Fram*, que significa "adelante", Amundsen y los tripulantes primero llegaron al borde de la plataforma de hielo de Ross. Allí estableció un campamento base desde el cual guió a la tripulación a través del hielo antártico. Amundsen y los tripulantes llegaron al Polo Sur el 14 de diciembre de 1911. Luego, se enfrentaron al largo y peligroso viaje de regreso. No completaron la travesía hasta el 1 de marzo de 1912 cuando el resto del mundo recibió las noticias de su hazaña.

1. ¿Qué sucedió antes de que Amundsen realizara sus propias expediciones?

   _____

2. ¿Cuándo comenzó Amundsen su viaje al Polo Sur?

   _____

3. ¿Cuándo llegaron Amundsen y su tripulación al Polo Sur?

   _____

4. ¿Cuáles son algunas palabras que indican orden cronológico usadas en este pasaje?

   _____

La escuela y la casa

Ayude al estudiante a escribir oraciones que describan un viaje que le gustaría realizar. Use palabras que indican orden cronológico, como primero y luego, para explicar los pasos en orden.

Cuaderno de práctica

Nombre _____

▶ **Ordena las letras para formar un monosílabo que resuelve el acertijo.**

¿Qué soy yo?

1. Me hace un panadero en su panadería.

   anp _____

2. Paso todo el día en el agua.

   ezp _____

3. No soy el norte, ni el este ni el oeste.

   rus _____

4. Soy el número que está después del 999.

   iml _____

5. La abeja me hace y el oso me come.

   ilem _____

La escuela y la casa

Pida al estudiante que busque en un periódico otros monosílabos sin acento escrito y que los diga en voz alta.

Cuaderno de práctica
© Harcourt • Grado 3

▶ **Selecciona la palabra del recuadro que mejor se relacione con cada grupo de pistas. Escribe la palabra en el espacio en blanco.**

permanentemente	flota	tenue
escasea	refugio	ausencia

1. débil

apenas visible

opaco

_____

2. no existe

desaparecer

falta

_____

3. pocos

no abunda

difícil de encontrar

_____

4. lo lleva el agua

lo empuja la corriente

se mueve lentamente

_____

5. protege

cubre

oculta

_____

6. duradero

para siempre

sin cambios

_____

La escuela y la casa

Pida al estudiante que interprete la palabra *flota* con las manos. Luego, pídale que haga algo para mostrar la *ausencia* de luz en una habitación.

180

Cuaderno de práctica
© Harcourt • Grado 3

▶ A medida que leas "El hielo de la Antártida", completa el organizador gráfico con los sucesos en orden cronológico. Luego, responde las preguntas debajo del organizador gráfico.

PRIMERO **Los animales marinos de la Antártida esperan la llegada del verano.**

A CONTINUACIÓN

DESPUÉS

FINALMENTE

1. ¿Qué sucede al comienzo de "El hielo de la Antártida"?

_____

_____

2. ¿Qué sucede con los días cuando el sol regresa?

_____

_____

3. Escribe un resumen del cuento en una hoja de papel aparte.

Usa el organizador gráfico como ayuda.

Nombre _____

▶ **Lee el siguiente pasaje de "La vida en el sur, sur del planeta". Luego, responde cada pregunta.**

> Como el clima era muy frío y había mucho viento, debía ponerme un traje especial. Fue diseñado por el *Programa Antártida* del Gobierno de Estados Unidos, e incluía: calcetines, botas, guantes, un sombrero y un traje impermeable. Siempre que me hallaba cerca del agua, debía usar, además, un chaleco flotador de color naranja brillante, el cual funcionaba como un verdadero salvavidas. Los buzos usaban aún más capas de ropa para calentarse. Todas ellas se colocaban sobre un traje térmico muy ajustado que los aislaba de las bajas temperaturas. Además de todo esto, cargaban sobre sus espaldas, en promedio, 50 libras de equipo submarino.

1. ¿Cuál es el tema de este pasaje?

_____

2. ¿Qué detalles proporciona el autor sobre la ropa antártica?

_____

_____

3. ¿Por qué usaban ropa especial los científicos y los buzos?

_____

_____

4. ¿Qué tipo de ropa usaban los buzos?

_____

_____

5. ¿Cuál crees que es el mensaje del autor?

_____

La escuela y la casa

Comente con el estudiante otra información
que puedan agregar a este pasaje.

Cuaderno de práctica
© Harcourt • Grado 3

Nombre _____

► Ordena las letras para formar el monosílabo que completa cada oración.

1. **lrof**   La planta tiene una linda _____.

2. **nrag**   Marcelo le dio un _____ susto a su gato.

3. **eds**   Cuando tengo _____, tomo un vaso de

limonada.

4. **nrte**   Me gusta viajar en _____ porque puedo ver

el paisaje.

5. **ezp**   En esa pecera hay un lindo _____ azul.

6. **rtse**   Mi primo Pepe tiene _____ cachorros de

perro.

7. **esm**   El _____ que viene cumpliré años.

8. **ubne**   Tomé un _____ baño antes de acostarme.

9. **pra**   La tía Clarita me regaló un _____ de aros para

Navidad.

10. **lepi**   Uso un sombrero para proteger mi _____

del sol.

La escuela y la casa

Pida al estudiante que escoja dos de los monosílabos de arriba. Pídale que diga en voz alta dos oraciones con estas palabras.

183

Cuaderno de práctica

© Harcourt • Grado 3

Nombre _____

▶ **Encierra en un círculo la conjugación del verbo *ser* o *estar* en cada oración. Después escribe si cada conjugación corresponde al verbo *ser* o *estar*.**

1. Algunas focas son pardas. _____

2. El pingüino emperador es azul. _____

3. El tiburón está cerca de una ballena. _____

4. Mercurio y Venus están cerca del Sol. _____

5. En este momento estoy con mis padres. _____

6. Ellos son científicos. _____

▶ **Vuelve a escribir cada oración, usando la forma correcta del verbo *ser* o *estar*. Después escribe S sobre cada sujeto singular y P sobre cada sujeto plural.**

7. Las nubes _____ blancas y suaves.

_____

8. La abeja _____ muy trabajadora.

_____

9. Nosotros _____ en el jardín de la abuela.

_____

10. El río _____ lleno de vida.

_____

La escuela y la casa

Pida al estudiante que escriba oraciones sobre su estación favorita. Pídale que use sujetos en singular y en plural, y diferentes conjugaciones de los verbos *ser* y *estar*.

184

Nombre _____

▶ **Lee las palabras de ortografía. Clasifica las palabras y colócalas en el grupo correspondiente.**

Palabras con *b*

1. _____
2. _____
3. _____
4. _____
5. _____
6. _____
7. _____
8. _____

Palabras con *v*

9. _____
10. _____
11. _____
12. _____
13. _____
14. _____
15. _____

Palabras de ortografía

1. cabeza
2. tribus
3. arbustos
4. bicicleta
5. basura
6. debajo
7. abedul
8. cambiar
9. silvestre
10. nuevas
11. vencer
12. valor
13. volcán
14. velitas
15. clavel

La escuela y la casa

Pida al estudiante que haga una lista de palabras con *b* y *v*. Si no está seguros de cómo se escribe alguna palabra, ayúdelo a buscarla en un diccionario. Comenten la ortografía de cada palabra.

185

Cuaderno de práctica
© Harcourt • Grado 3

▶ **Lee el artículo. Luego, escribe los sucesos principales en orden.**

Pescar con las patas

Un tipo de murciélago se alimenta de peces. La manera en que atrapa a su presa es asombrosa. Primero, vuela muy bajo sobre el agua. Luego, deja caer sus patas traseras en el agua. Para un pez, las patas parecen una carnada sabrosa, y por lo tanto, el pez se acerca a ellas. Entonces, el murciélago engancha el pequeño pez con sus uñas filosas. El pez quizás luche, pero el murciélago lo sostiene firmemente. Finalmente, el murciélago saca al pez del agua y se lo come.

Primero _____

_____

_____

A continuación _____

_____

_____

Después _____

_____

_____

Finalmente _____

_____

La escuela y la casa

Pida al estudiante que observe un animal en su comunidad. Pídale que describa lo que hace el animal usando palabras que indican orden cronológico.

186

Cuaderno de práctica
© Harcourt • Grado 3

Nombre _____

▶ **Escribe cada palabra del recuadro en la columna que corresponde. Escoge una de las palabras para responder cada acertijo.**

blusa	cobre	nube	blanco
broma	sombra	brisa	banco
cable	basura	amable	boca

Palabras con *br*	Palabras con *bl*	Otras palabras con *b*

1. Es un metal rojo que se usa mucho en electricidad.

_____

2. Es un sinónimo de *gentil.*

_____

3. Es por donde entran los alimentos a tu cuerpo.

_____

4. Es donde la gente guarda su dinero.

_____

5. Otra manera de decir *travesura.*

_____

La escuela y la casa

Ayude al estudiante a pensar en otras palabras con el sonido /b/. Pídale que escriba oraciones con ellas.

Cuaderno de práctica
© Harcourt • Grado 3

► Escribe la palabra de vocabulario del recuadro que corresponda a cada explicación.

fácil	vuelo	detalle
revolotea	nocturnas	dormita

1. _____ activas durante la noche

2. _____ un punto importante

3. _____ desplazamiento por el aire

4. _____ sin dificultad

5. _____ mover las alas rápidamente

6. _____ dormir con sueño poco profundo

► Responde las preguntas con oraciones completas.

7. Si un ave está en **vuelo**, ¿se mueve en el aire o reposa en una rama?

_____

8. Si notas un **detalle** en una pintura, ¿estás mirando la pintura entera o sólo una parte de ella?

_____

9. Si alguien hace algo de manera **fácil**, ¿tiene alguna dificultad al hacerlo?

_____

_____

10. ¿Cuándo son activas las aves **nocturnas**?

_____

11. Si una persona **dormita**, ¿está activa o pasiva?

_____

12. Si un ave **revolotea**, ¿cómo se mueven sus alas?

_____

La escuela y la casa

Junto con el estudiante, busque aves o insectos **nocturnos** que puedan **revolotear** alrededor de una luz encendida durante la noche.

Cuaderno de práctica
© Harcourt • Grado 3

▶ **A medida que leas "A la señora murciélago le fascina la oscuridad", completa el organizador gráfico con la secuencia de sucesos en el relato.**

PRIMERO

La señora murciélago se despierta, despliega sus alas y vuela.

A CONTINUACIÓN

DESPUÉS

FINALMENTE

---

1. ¿Qué le sucede a la mariposilla cuando la señora murciélago la muerde por primera vez?

   _____

2. ¿Qué es lo último que hace la señora murciélago en el relato?

   _____

3. Escribe un resumen del cuento en una hoja de papel aparte. Usa el organizador gráfico como ayuda.

▶ **Lee el pasaje. Encierra en un círculo la letra que corresponda a la respuesta correcta.**

Muchas personas saben que al béisbol se se le llama "el pasatiempo estadounidense" porque es muy popular en Estados Unidos. Pero, ¿sabías que existe otro juego en el que se usa un bate y una pelota que es igual de popular en otras partes del mundo? Ese juego es el *cricket*, y muchas de sus reglas son similares a las del béisbol. El *cricket* se juega con dos equipos. Cada equipo se turna para batear, interceptar y devolver la pelota, como en el béisbol.

En el béisbol, el bateador se posiciona sobre el pentágono. En el *cricket*, el bateador se posiciona sobre un área del terreno llamado *wicket*. Si bien en cada juego figura un lanzador, en el *cricket* a éste se le llama *bowler*. Tanto el béisbol como el *cricket* tienen un árbitro. El *cricket* se juega desde el siglo XIV y actualmente sigue siendo popular en todo el mundo.

1. ¿En qué se parecen el *cricket* y el béisbol?
   A Ambos tienen receptores.
   B En ambos se usa un bate y una pelota.
   C Ambos tienen un jugador llamado *bowler*.
   D Ambos usan *wickets*.

2. ¿Cuál oración es verdadera?
   A Ambos son populares en Estados Unidos.
   B Sólo el *cricket* tiene un árbitro.
   C El *cricket* se juega con cuatro equipo; el béisbol con dos.
   D El *cricket* se juega desde el siglo XIV.

3. ¿Cuál es el mensaje del autor en este pasaje?
   A El *cricket* es popular en Estados Unidos.
   B Los jugadores de béisbol deben jugar al *cricket*.
   C Los dos juegos son buenas maneras de mantenerse en forma.
   D El *cricket* y el béisbol tienen aspectos similares y diferentes.

La escuela y la casa

Pida al estudiante que señale algunas de las oraciones que le ayudaron a identificar el mensaje del autor en esta sección.

Cuaderno de práctica
© Harcourt • Grado 3

▶ **Escribe las palabras del recuadro en la columna que corresponda. Después busca las palabras en la sopa de letras de abajo.**

hombre	boca	aviso	volar
caballo	vaso	servir	cabeza

Palabras con *b*	Palabras con *v*
_____	_____
_____	_____
_____	_____
_____	_____

SOPA DE LETRAS

V	A	S	O	B	U	C	F	O	A
E	N	H	J	A	Y	A	E	S	N
N	B	O	C	A	N	B	U	E	V
A	L	M	P	R	S	A	B	R	O
C	A	B	E	Z	A	L	W	V	L
J	E	R	B	O	V	L	I	I	A
I	D	E	A	S	R	O	E	R	R
P	A	V	I	S	O	F	T	A	T

La escuela y la casa

Pida al estudiante que lea en voz alta las palabras de arriba. Pídale que diga otras tres palabras con el sonido /b/.

191

Nombre _____

▶ **Vuelve a escribir las oraciones. Agrega un verbo auxiliar a cada oración.**

1. Nunca estudié los mamíferos.

   _____

2. Aprendemos sobre los murciélagos.

   _____

3. Mirta come manzanas frescas y sabrosas.

   _____

4. Los científicos encontraron nuevos tipos de mariposas.

   _____

5. Una mariposa se posó sobre una hoja.

   _____

6. Esa mariposa puso 400 huevos.

   _____

7. Leemos un libro interesante sobre los murciélagos.

   _____

8. Encontré un libro con muchos tipos de mariposas.

   _____

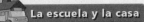
La escuela y la casa

Pida al estudiante que escriba cuatro oraciones
sobre actividades nocturnas que incluyan
verbos principales y auxiliares. Pídale que
subraye cada verbo principal y encierre en un
círculo los verbos auxiliares.

192

Cuaderno de práctica
© Harcourt • Grado 3

Nombre _____

▶ Lee las palabras de ortografía. Clasifica las palabras y escríbelas en el grupo que corresponda.

Palabras que terminan en -ado

1. _____

2. _____

3. _____

4. _____

5. _____

6. _____

Palabras que terminan en -ada

7. _____

8. _____

9. _____

10. _____

11. _____

12. _____

13. _____

14. _____

15. _____

Palabras de ortografía

1. rectorado
2. reinado
3. papado
4. principado
5. condado
6. mercado
7. muchachada
8. armada
9. camada
10. limonada
11. naranjada
12. cebollada
13. patada
14. cabezada
15. risotada

La escuela y la casa

Pida al estudiante que haga una lista de cinco palabras que terminan en *-ado* y cinco palabras que terminan en *-ada*. Luego, Pídale que encierre en un círculo las terminaciones de cada palabra y que escriba una oración con cada palabra.

Cuaderno de práctica
© Harcourt • Grado 3

▶ **Lee el pasaje. A medida que leas, busca las relaciones de causa y efecto. Luego, responde las preguntas.**

Con el buen sentido

Los murciélagos son criaturas asombrosas. No sólo son los únicos mamíferos que pueden volar, sino también poseen sentidos muy desarrollados. Los murciélagos tienen sentidos agudos del olfato, el oído y la vista. Debido a eso, los murciélagos pueden estar activos durante la noche.

Los murciélagos usan el oído, la vista y el olfato para encontrar comida en la oscuridad. De hecho, pueden ver mejor en la oscuridad que en la luz del día. Su gran sentido del olfato les permite encontrar fruta madura. También usan sus agudos oídos para encontrar otras fuentes de alimento, como insectos y peces.

Además, los murciélagos usan sus sentidos aguzados para encontrar a otros murciélagos. Usan el sentido del olfato para reconocer a sus compañeros de percha. Sus agudos oídos les permiten encontrar a sus crías.

1. ¿Por qué están activos los murciélagos durante la noche?

_____

_____

2. ¿Cuál es un efecto del oído agudo de un murciélago?

_____

3. ¿Qué les permite a los murciélagos encontrar a sus compañeros?

_____

4. ¿Cuál es un efecto del gran sentido del olfato del murciélago?

_____

La escuela y la casa

Lea y comente el pasaje con el estudiante. Pídale que le explique las relaciones de causa y efecto en el texto usando palabras como *entonces* y *porque*.

Cuaderno de práctica
© Harcourt • Grado 3

Nombre _____

▶ **Lee las palabras del recuadro. Encierra en un
círculo los sustantivos que terminan en -*ado* o -*ada*.**

armada	falda	estando	entrada
prado	tarda	reinado	toda
manda	condado	enfada	puñado
muchachada	onda	manada	papado
pardo	naranjada	mercado	canto

La escuela y la casa

Pida al estudiante que diga en voz alta los
sustantivos que terminan en -*ado* o -*ada*
del recuadro. Después pídale que diga el
significado de algunas de estas palabras.

195

Cuaderno de práctica

aficíon   honesto   heredará
ridícula   emoción   deshonra

▶ **Parte A. Escribe la palabra de vocabulario que refleje cada idea.**

1. _____ tonta o cómica

2. _____ justo y bueno

3. _____ recibirá algo de otra persona

4. _____ gusto o interés

5. _____ vergonzoso o inaceptable

6. _____ un sentimiento como la felicidad o la ira

▶ **Parte B. Responde cada pregunta sobre las palabras de vocabulario.**

7. Si el comportamiento de alguien es una **deshonra**, ¿debe

sentirse avergonzado u orgulloso?

_____

8. Si alguien es **honesto**, ¿es confiable o informal?

_____

9. Ante una situación **ridícula**, ¿llorarías o reirías?

_____

10. ¿Qué tipo de **emoción** sentirías si te ganaras un premio?

_____

11. ¿Tiene un ratón **afición** por las víboras o por el queso?

_____

12. Si una mujer **heredará** algo, ¿crees que recibirá un regalo o

comprará algo?

_____

La escuela y la casa

Pida al estudiante que dé ejemplos de cosas
que sean *ridículas*. Luego, pídale que mencione
varias emociones y las situaciones que le
producen esos sentimientos.

Cuaderno de práctica
© Harcourt • Grado 3

► Completa el organizador gráfico a medida que leas "Ensenada de los Castaños". A veces, puede haber más de una causa o un efecto de un solo suceso. Quizá encuentres más de una relación de causa y efecto en el cuento. Dibuja los cuadros que necesites.

Sección 1 página 233

Causa		Efecto

		Efecto

Sección 2 página 238

Causa		Efecto

		Efecto

1. ¿Cuál es una de las causas que encontraste en el cuento?

_____

_____

2. ¿Qué efecto o efectos tuvo este suceso?

_____

_____

3. Escribe un resumen del cuento en una hoja de papel aparte. Usa el organizador gráfico como ayuda.

Cuaderno de práctica
© Harcourt • Grado 3

▶ **Escoge el homófono correcto para completar cada oración. Luego, escribe una oración usando el otro homófono.**

1. bote / vote

El galeón de mar es un tipo de _____.

_____

_____

2. calló / cayó

El jarrón se _____ y se hizo trizas.

_____

_____

3. honda / onda

Esa parte del pozo es tan _____ que no se puede ver la base.

_____

4. cabo / cavo

¿Sabes cómo llevar a _____ ese plan?

_____

_____

5. barón / varón

Mi hermana está embarazada y le gustaría tener un _____.

_____

_____

SFL05AWK4X_AB_U2P30-39A

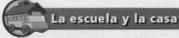
La escuela y la casa

Pida al estudiante que escriba homófonos de
sabia, vota, bajilla y *bienes.*

Cuaderno de práctica
© Harcourt • Grado 3

Nombre _____

▶ **Lee las palabras que aparecen a continuación y después sigue las indicaciones de abajo.**

bandada   consulado

hornada   listado

~~teclado~~   principado   camada

1. Encierra en un círculo la palabra que significa "lugar que posee un príncipe".

2. Dibuja un triángulo alrededor de la palabra que significa "crías de un animal".

3. Subraya una vez la palabra que significa "conjunto de pájaros".

4. Encierra en un recuadro la palabra que significa "conjunto de palabras en una lista".

5. Tacha la palabra que significa "conjunto de teclas".

6. Dibuja una estrella al lado de la palabra que significa "lugar donde trabaja un cónsul".

7. Subraya dos veces la palabra que significa "conjunto de panes o pasteles que se cocinan en el horno al mismo tiempo".

La escuela y la casa

Pida al estudiante que escoja tres palabras de arriba y que las use en oraciones.

199

Nombre _____

▶ **Vuelve a escribir cada oración, usando el sujeto que aparece entre paréntesis ( ). Verifica que el verbo de la oración concuerda con el nuevo sujeto.**

Ejemplo: Isabel estudia ciencias. (Tus primos)
Tus primos estudian ciencias.

1. La gallina come maíz. (Los pollitos)

_____

2. Tus amigas saltan la cuerda. (Tu hermana)

_____

3. Compro unos deliciosos helados. (Nosotros)

_____

4. Pedro canta en un festival de la escuela. (Mis primos)

_____

5. La maestra vive frente a la plaza. (Nosotros)

_____

6. La ballena nada por los anchos océanos. (Los delfines)

_____

7. Él vende duraznos en su casa. (Los abuelos)

_____

8. Enrique escribe un cuento sobre los animales. (Yo)

_____

La escuela y la casa

Escriba dos oraciones con verbos en tiempo presente. Pida al estudiante que vuelva a escribir las oraciones, cambiando los sujetos. Asegúrese de que los verbos concuerdan con su nuevo sujeto.

▶ Lee las palabras de ortografía. Clasifica las palabras y escríbelas en el grupo que corresponda.

Palabras con el sufijo *-mente* que no llevan acento escrito

solamente

1. _____
2. _____
3. _____
4. _____
5. _____
6. _____
7. _____
8. _____
9. _____
10. _____
11. _____
12. _____
13. _____

Palabras con el sufijo *-mente* que llevan acento escrito

fácilmente

14. _____
15. _____

Palabras de ortografía

1. solamente
2. exactamente
3. inmediatamente
4. completamente
5. fácilmente
6. suavemente
7. seguramente
8. furiosamente
9. perfectamente
10. rápidamente
11. bruscamente
12. especialmente
13. nuevamente
14. dedicadamente
15. justamente

La escuela y la casa

Ayude al estudiante a pensar en otras palabras terminadas en *-mente*. Comente cómo escribir cada palabra. Confirme la ortografía de las palabras en el diccionario.

Cuaderno de práctica
© Harcourt • Grado 3

▶ **Lee el pasaje. Luego, responde las preguntas.**

—¡Ajá! —dijo Cintia—.¡Sabía que podía hacerlo! Cintia había aprendido a andar en la bicicleta de Juan, su hermano mayor. Juan repartió periódicos durante seis meses y recaudó suficiente dinero para comprar la bicicleta. Juan le dijo a Cintia que no usara la bicicleta porque ella era muy pequeña y la podía romper. Como era muy terca, Cintia anduvo en la bicicleta a escondidas mientras su hermano practicaba el oboe.

Una tarde, Cintia dejó la bicicleta en la entrada del garaje y entró a la casa. Entonces, escuchó un fuerte crujido proveniente de afuera.

—¡Ay, no! —dijo—.¡La bicicleta! Seguro que mamá la atropelló con el auto.

Debido a que Cintia tenía la culpa de haber roto la bicicleta, acordó ayudar a Juan a repartir periódicos a pie hasta que juntaran suficiente dinero para comprar una bicicleta nueva.

1. ¿Cuál es la causa por la que Cintia usó la bicicleta de Juan a escondidas?

_____

2. ¿Cuál es el efecto de que Cintia dejara la bicicleta en la entrada

del garaje?

_____

3. ¿Cuál es la causa por la que Cintia ayudó a Juan a repartir periódicos?

_____

4. ¿Cuál es el efecto de que Juan repartiera periódicos durante seis meses?

_____

_____

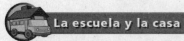
La escuela y la casa

Pida al estudiante que identifique la causa por la que Juan le dice a Cintia que no use su bicicleta.

Cuaderno de práctica
© Harcourt • Grado 3

Nombre _____

▶ **Subraya la palabra con el sufijo *-mente* y escribe el significado de esa palabra en el espacio en blanco.**

1. Si no mejoras tus calificaciones, tendremos que hablar <u>seriamente</u>.

   _____

2. Después de una carrera, lo que necesito <u>urgentemente</u> es mucha agua.

   _____

3. En la escuela jugamos <u>alegremente</u> durante todo el recreo.

   _____

4. Cuando conduce, mi hermana mira <u>atentamente</u> el camino.

   _____

5. Los bomberos llegaron <u>rápidamente</u> al incendio.

   _____

6. Mi abuela teje <u>tranquilamente</u> un suéter para mi papá.

   _____

7. Mi mamá tomó <u>tiernamente</u> al bebé entre sus brazos.

   _____

8. Daniela escucha <u>concentradamente</u> a la maestra.

   _____

La escuela y la casa

Pida al estudiante que agregue el sufijo *-mente* a las palabras *fácil, fuerte* y *normal*. Pídale que explique el significado de cada palabra.

Cuaderno de práctica
© Harcourt • Grado 3

| abarrotada | mencionó | comentario |
| cubierta | gesto | nerviosa |

▶ **Parte A. Escoge una palabra de vocabulario del recuadro para completar cada una de las siguientes oraciones incompletas. Escribe la palabra sobre la línea.**

La mamá de Ana entró a la habitación de su hija. ¡Qué desorden!

Había tantas cosas sobre la cama de Ana que casi no se veía la

_____. La mamá le _____ que quizás

Ana debería limpiar su habitación si quería jugar con sus amigos. Ana parecía

_____ y comenzó a guardar las cosas. Una hora más

tarde, Ana le hizo un _____ a su mamá para que viera

que la habitación _____ había cambiado. Su mamá estaba

conforme con el resultado. Ana podía salir a jugar. Cuando Ana corrió hacia la

puerta, escuchó el _____ de su mamá: —¡Bien hecho!

▶ **Parte B. Escribe una o dos oraciones para responder cada pregunta.**

1. ¿Qué les mostrarías a tus amigos después de hacerles un gesto para que se acerquen a ver algo?

   _____

   _____

2. ¿Cómo te asegurarías de que tu bicicleta esté cubierta para que no se arruine cuando no la usas?

   _____

   _____

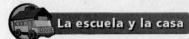
La escuela y la casa

Pida al estudiante que piense en tres cosas que
lo hacen sentirse *nervioso*.

Cuaderno de práctica
© Harcourt • Grado 3

▶ A medida que leas "Ramona empieza el curso",
piensa en los sucesos que causan otros sucesos.
Piensa en los sucesos que ocurren como consecuencia
de otros sucesos. Escribe las causas y efectos en la
siguiente tabla.

Sección 1 páginas 260–263

Causa		Efecto
Ramona se queda en su casa enferma.	➡	

Sección 2 páginas 264–267

Causa		Efecto
	➡	

Sección 3 páginas 268–271

Causa		Efecto
	➡	

1. ¿Cómo eligió presentar Ramona su informe sobre el libro? _____

_____

_____

2. ¿Cuál fue la causa de esto? _____

_____

▶ Resume "Ramona empieza el curso" en una hoja de papel aparte.
Usa el organizador gráfico como ayuda.

► **Lee los homófonos entre paréntesis. Completa cada oración con la palabra correcta.**

1. (izo, hizo)   Cuando _____ la bandera mis compañeros

   me felicitan.

   Ramona _____ caretas para la fiesta.

2. (cocer, coser)   Me gusta _____ las papas hasta que queden

   bien doradas.

   No sé ni _____ un botón.

3. (vez, ves)   ¿_____ qué fácil es cuando

   sigues las instrucciones del producto?

   La primera _____ que visité este zoológico

   no había leones, pero ahora hay tres.

4. (asar, azar)   Dile a los niños que escogan los regalos al _____.

   Mi papá no puede _____

   la carne sin que se le queme.

5. (casa, caza)   Todos los domingos, mi papá

   y mi tío se van de _____.

   Mi hermano invitó a todos sus amigos a mi

   _____.

6. (tuvo, tubo)   Aprieta fuerte el _____ para que salga la

   pasta de dientes.

   Carla _____ que salir corriendo para que el

   perro no la alcanzara.

La escuela y la casa

Pida al estudiante que piense en un homófono de *hierba* y escriba una oración con él.

206

Cuaderno de práctica
© Harcourt • Grado 3

▶ **Usa las palabras del recuadro para completar cada oración. Después separa cada palabra raíz del sufijo -*mente*.**

amablemente	calladamente	detenidamente
largamente	fuertemente	libremente

1. Debatieron _____ el punto durante dos horas.

   _____

2. Margarita se mira _____ en el espejo.

   _____

3. Mi hermana me tomó _____ de la mano

   para cruzar la calle. _____

4. El vendedor saluda _____ a sus

   clientes. _____

5. Las aves vuelan _____ hacia sus nidos.

   _____

6. Para no despertar a mi hermanita, entramos

   _____ a la casa. _____

La escuela y la casa

Con el estudiante, busque en periódicos dos palabras más que tengan el sufijo -*mente*. Pídale que identifique el sufijo -*mente* en ambas.

Los verbo regulares
en tiempo pretérito
y futuro
· · · · · · · · · · ·
Lección 24

Nombre _____

▶ **Subraya el verbo de cada oración. Después vuelve a escribir cada oración usando el tiempo pretérito.**

1. Los niños estudian en silencio.

_____

2. El maestro hablará sobre el informe.

_____

3. Muchos estudiantes tocan guitarra.

_____

4. El Sr. Contreras prepara el examen.

_____

5. Tomás corre hasta la escuela.

_____

6. La paloma bebe agua en la fuente.

_____

7. Tú solucionas el problema de matemáticas.

_____

8. Marcia practica la flauta.

_____

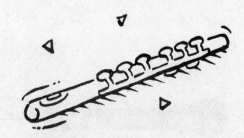

Cuaderno de práctica
© Harcourt • Grado 3

➤ **Sombrea las casillas con monosílabos y podrás llegar a la meta. Después responde las preguntas con los monosílabos que encontraste.**

PARTIDA	voz	ala	cama	pato	tiza	luna
agua	rey	mar	eco	nada	oso	una
era	caer	pez	solo	tren	flor	quien
ella	puma	hay	luz	buey	allí	META

1. ¿Qué monosílabos terminan en *y*?

   _____

2. ¿Qué monosílabos terminan en *r*?

   _____

3. ¿Qué monosílabos terminan en *n*?

   _____

4. ¿Qué monosílabos terminan en *z*?

   _____

La escuela y la casa

Pida al estudiante que escriba tres oraciones que incluyan dos monosílabos cada una.

Cuaderno de práctica
© Harcourt • Grado 3

▶ **Encierra en un círculo la palabra con el sonido /b/ en cada oración. Después completa el crucigrama con esas palabras.**

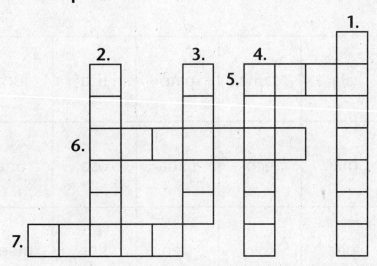

Horizontal

5. En el desayuno tomé un vaso de leche.

6. Mi mamá compró una botella de refresco.

7. El perro de la esquina es muy bravo.

Vertical

1. Mi tío tiene una corbata de seda roja.

2. Cuando estoy resfriado, me duele la cabeza.

3. Mi papá se encontró con un viejo amigo.

4. ¿Te gustaría dar un paseo en velero?

Cuaderno de práctica
© Harcourt • Grado 3

Repaso: Palabras
que terminan en
-*ado* y -*ada*
....
Lección 25

Nombre _____

▶ **Agrega** -*ado* **o** -*ada* **a cada palabra para formar un sustantivo. Escribe la nueva palabra en el espacio en blanco.**

1. rama _____

2. internar _____

3. llamar _____

4. palma _____

5. limón _____

6. alambre _____

7. reino _____

8. pala _____

9. cebolla _____

10. granizo _____

La escuela y la casa

Pida al estudiante que escoja tres palabras de
arriba y que explique cómo cambia el
significado de cada palabra al agregarle el
sufijo -*ado* o -*ada*.

Cuaderno de práctica
© Harcourt • Grado 3

Nombre _____

▶ **Completa el cuento agregando la palabra base del recuadro a cada sufijo –mente.**

atenta	casual	cariñosa	final
posible	puntual	rápida	veloz

Tía Ana estaba de cumpleaños y mi hermana quiso hacerle una fiesta de

sorpresa. Hicimos _____-mente la lista de las cosas. Celia llamó a la

pastelería para pedir una torta de chocolate. Tomaron _____-mente

nuestro pedido y dijeron que estaría _____-mente en casa a las

cuatro. Después avisamos a los familiares y a algunos amigos de nuestra

tía. Mamá apareció _____-mente e hizo unos bocadillos.

   Ese día papá llegó _____-mente temprano del trabajo. Pensamos

que _____-mente no estaba cansado y le pedimos que fuera a buscar a

tía Ana. Cuando llegó, la recibimos _____-mente. Estaba sorprendida

y feliz con los globos y el enorme cartel que decía: "¡Feliz cumpleaños, tía!"

_____-mente la fiesta fue todo un éxito.

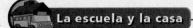

La escuela y la casa

Pida al estudiante que escriba nuevas oraciones
con las palabras completadas. (Por ejemplo: *Todos
deberíamos llegar puntualmente a clases*).

212

Nombre _____

▶ **Parte A.** Lee cada oración. En el espacio en blanco, escribe la palabra de vocabulario del recuadro que sea un sinónimo de la palabra subrayada.

requieren	habitantes	amplio
funcional	asombrados	responsabilidad

1. Ese horno viejo no es tan <u>práctico</u>.

_____

2. Este lugar es <u>grande</u>, por lo tanto, todos podrán resguardarse aquí.

_____

3. Se <u>necesitan</u> muchos huevos para preparar esta receta.

_____

4. Mi principal <u>tarea</u> es cuidar a mi hermanito.

_____

5. Los bomberos se aseguraron de que todos los <u>residentes</u> del edificio

estuvieran a salvo. _____

6. Los participantes quedaron <u>sorprendidos</u> de ganar la competencia.

_____

▶ **Parte B.** En una hoja de papel aparte, escribe una oración que describa tres *responsabilidades* que tienes en tu casa.

La escuela y la casa

Pida al estudiante que nombre algunos de los *habitantes* de la Casa Blanca.

213

Nombre _____

▶ **Lee el cuento. Luego, responde las preguntas sobre la secuencia de los sucesos.**

La primavera llegó. La nieve se derritió y las plantas comenzaron a florecer. El aire era cálido. En una cueva escondida y acogedora, la mamá osa y sus dos cachorros se despertaban.

La mamá osa se asomó a la entrada de la cueva. Olfateó el aire para verificar que no hubiese ningún peligro. Luego, salió de la cueva. Sus cachorros la siguieron.

Los osos permanecieron afuera todo el día. Comieron algunas bayas. Después, se zambulleron en el agua fría del río. Los cachorros jugaban mientras su mamá los miraba.

Cuando cayó la noche, los osos regresaron a su cueva. Sus estómagos estaban llenos. Estaban cansados y se amontonaron para dormir.

1. ¿Qué sucedió después de que la mamá osa olfateó el aire? _____

_____

2. ¿Qué hicieron los osos antes de zambullirse en el río? _____

_____

3. ¿Qué fue lo último que hicieron los osos? _____

_____

4. ¿Qué palabras o frases que indican orden cronológico

aparecen en el cuento? _____

_____

La escuela y la casa

Ayude al estudiante a pensar en otras actividades que pueden hacer los osos. Use palabras o frases que indican orden cronológico para mostrar cuándo se realizan dichas actividades.

214

Cuaderno de práctica
© Harcourt • Grado 3

▶ **Lee el siguiente artículo. Luego, responde las preguntas.**

> El invierno es la estación en que las personas son más propensas a sufrir resfriados. Existen varios motivos por los que las personas se enferman más durante el invierno. Los niños regresan a la escuela y se transmiten gérmenes unos a otros. El clima más frío hace que los adultos permanezcan en sus casas. Entre más cerca conviven las personas, más probabilidades de contagio hay. Entonces, ¿qué puedes hacer cuando se aproxima el invierno? Lávate las manos cada vez que sea posible. Esto elimina los gérmenes que quedan en las manos. Si alguien está enfermo, mantente alejado. Y no compartas la comida ni las bebidas.

1. ¿Cuáles son dos de las causas de enfermedades durante el invierno?

_____

_____

_____

2. ¿Cuál es el efecto de lavarse las manos?

_____

3. ¿Cuáles son otras dos maneras de evitar enfermarse?

_____

_____

Comente con el estudiante dos relaciones de causa y efecto con respecto a al trabajo o a la escuela y los resfriados.

215

Nombre _____

▶ **Lee el artículo. Encierra en un círculo la letra que corresponda a la respuesta más adecuada a cada pregunta. Luego, escribe el mensaje del autor.**

Estás acostumbrado a recibir una carta uno o dos días después de que se envió. Sin embargo, en 1860 podría demorar hasta meses para que llegara una carta. Eso cambió cuando comenzó el *Pony Express*. El *Pony Express* sólo tardaba diez días para entregar una carta de Missouri en California. Los jinetes del *Pony Express* recorrían todo el país con el correo. Los jinetes enfrentaron muchos peligros durante el viaje, como los caminos pedregosos, el mal tiempo y los asaltos de bandidos. El *Pony Express* dejó de funcionar en 1861, cuando se creó el sistema telegráfico que conectaba a todo el país. Si bien el *Pony Express* funcionó durante sólo dieciocho meses, fue una manera importante de llevar el correo a través del país.

1. ¿Qué llevaba el *Pony Express*?

   A ponis

   B correo

   C correo electrónico

2. ¿Qué peligros tenían que enfrentar los jinetes del *Pony Express*?

   A mal clima

   B falta de alimentos

   C caminos cerrados

3. ¿Cuál es el mensaje del autor?

   _____

   _____

   _____

La escuela y la casa

Pida al estudiante que indique los detalles que
usó para encontrar el mensaje del autor.

216

Cuaderno de práctica
© Harcourt • Grado 3

▶ **Lee los homófonos. Luego, completa cada oración con la palabra correcta.**

1. (Asia, hacia)   Mira _____ la cámara y sonríe.

   La maestra nos pidió que lleváramos un mapa de

   _____.

2. (te, té)   _____ prometo que no lo vuelvo a hacer.

   Nos juntamos a tomar el _____ en la

   casa de Sofía.

3. (cause, cauce)   Este río es muy peligroso debido a su

   _____.

   No quiero que eso _____ más problemas.

4. (sierra, cierra)   Esta puerta no _____ bien.

   La _____ es hermosa cuando está nevada.

5. (bacilo, vacilo)   El _____ puede producir enfermedades

   como la tuberculosis.

   En el momento de decir la verdad, no

   _____.

6. (sueco, zueco)   Se me rompió la suela del _____.

   Nos visitó un _____ muy simpático.

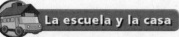

La escuela y la casa

Ayude al estudiante a escribir otra oración con
cada homófono y luego pídale que lea en voz
alta las oraciones.

Cuaderno de práctica
© Harcourt • Grado 3

Nombre _____

▶ **Dobla la hoja por la línea punteada. A medida que el maestro lea en voz alta cada palabra de ortografía, escríbela en el espacio en blanco. Después, desdobla la hoja y comprueba tu trabajo. Como práctica, escribe correctamente las palabras que escribiste con errores.**

1. _____

2. _____

3. _____

4. _____

5. _____

6. _____

7. _____

8. _____

9. _____

10. _____

11. _____

12. _____

13. _____

14. _____

15. _____

Palabras de ortografía

1. por
2. tan
3. luz
4. cabeza
5. cambiar
6. volcán
7. silvestre
8. reinado
9. mercado
10. camada
11. limonada
12. patada
13. exactamente
14. bruscamente
15. seguramente

▶ **Lee esta parte del borrador de un estudiante. Después responde las preguntas a continuación.**

> **(1)** Jimena y Samuel escribiendo una historia. **(2)** Su historia son sobre un robot. **(3)** El robot es muy entretenido. **(4)** Él _____ recorrido el planeta buscando muchos amigos y amigas. **(5)** Los niños están contentos con este nuevo héroe. **(6)** Jimena y Samuel le han mostrado esta historia a su maestra.

1. ¿En qué oración concuerda el verbo *ser* con su sujeto singular?

A oración 2
B oración 3
C oración 5
D oración 6

2. ¿En qué oración concuerda el verbo *estar* con su sujeto plural?

A oración 2
B oración 3
C oración 5
D oración 6

3. ¿En qué oración no concuerda el verbo *ser* con su sujeto singular?

A oración 2
B oración 3
C oración 5
D oración 6

4. ¿Qué verbo auxiliar debe ir antes del verbo principal en la oración 1?

A ha
B han
C está
D están

5. ¿Qué verbo auxiliar completa la oración 4?

A han
B eran
C ha
D son

6. ¿Cuál es el verbo principal de la oración 6?

A han
B mostrado
C esta
D historia

▶ **Lee esta parte del borrador de un estudiante.
Después responde las preguntas a continuación.**

> **(1)** Raúl ama el espacio. **(2)** Desde niño observó fotos del Sol y la Luna.
> **(3)** Ahora compran libros sobre el sistema solar. **(4)** Aprenderá sobre los
> planetas. **(5)** Él se preparará _____ astronomía. **(6)** Algún día trabajará
> en un observatorio como investigador.

1. ¿En qué oración se usa el verbo en tiempo pretérito en forma correcta?
   A oración 1
   B oración 2
   C oración 4
   D oración 5

2. ¿En qué oración se usa un verbo en tiempo presente en forma correcta?
   A oración 1
   B oración 2
   C oración 3
   D oración 6

3. ¿En qué oración se usa el tiempo presente en forma incorrecta?
   A oración 2
   B oración 4
   C oración 3
   D oración 6

4. ¿Qué verbo en presente no concuerda con su sujeto singular?
   A observó (oración 2)
   B compran (oración 3)
   C aprenderá (oración 4)
   D ama (oración 1)

5. ¿Qué forma en tiempo presente del verbo *estudiar* puede completar la oración 5?
   A estudio
   B estudiando
   C estudia
   D estudiarán

6. ¿En qué oración hay un verbo en tiempo pretérito?
   A oración 4
   B oración 6
   C oración 1
   D oración 2

Nombre _____

▶ Lee las palabras de ortografía. Clasifícalas y escríbelas donde corresponda.

Palabras con *esp-* que llevan acento escrito

1. _____

2. _____

Palabras con *-esp* que no llevan acento escrito

3. _____

4. _____

5. _____

6. _____

7. _____

8. _____

9. _____

10. _____

11. _____

12. _____

13. _____

14. _____

15. _____

Palabras de ortografía

1. espeso
2. espárragos
3. espionaje
4. espinilleras
5. espejo
6. esposo
7. espina
8. esponja
9. espera
10. espanto
11. espátula
12. espigas
13. espinaca
14. espalda
15. espada

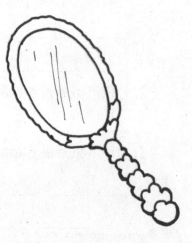

La escuela y la casa

Escriba las palabras *espejo* y *espátula* en una hoja de papel. Pida al estudiante que las separe en sílabas. Recalque que las palabras que comienzan con *esp-* se dividen entre *s* y *p*.

221

▶ **Lee el cuento. Luego, responde las preguntas.**

El padre de Lucía tiene una tienda de música. Está llena de todo tipo de instrumentos que él vende y arregla.

Lucía lo ayuda en la tienda de música después de la escuela. Ella se encarga de mantener brillantes y limpios los violines, las flautas y las trompetas.

—Hola papá, ¿cómo anda el negocio? —preguntó al llegar una tarde.

—Bueno, acabamos de recibir unas hermosas guitarras nuevas. Son unas muy caras. Coloqué los estuches contra la pared —respondió.

—¡Oh! —exclamó Lucía cuando las vio—. Son hermosas. ¿Puedo tocar una?

Su padre dudó. —A ver, ¿que pasó con tu tarea? Quizás deberías hacer eso —dijo, mientras echaba un vistazo a las guitarras.

—Hoy no tengo tarea —dijo Lucía—. ¿Puedo tocar una?

—Bueno, quizás deberías ayudar con otra cosa…como esa flauta que está allí. Probablemente eso sería mejor —dijo lentamente.

—Pero yo *siempre* lustro las flautas. ¿Por qué no puedo ayudar con las guitarras nuevas? —preguntó.

—Bueno —dijo su papá—. Podríamos verlas juntos. ¿Eso te haría feliz?

—¡Sí! No te preocupes. Yo recuerdo cómo se debe sostener una guitarra —dijo.

1. ¿Qué dijo el papá de Lucía sobre las guitarras?

_____

_____

2. ¿Por qué el papá de Lucía menciona la tarea?

_____

_____

3. ¿Por qué el papá de Lucía no quiere que ella toque las guitarras?

_____

_____

La escuela y la casa

Ayude al estudiante a proponer otra razón por la que el papá de Lucía no quería que ella tocara una guitarra.

Cuaderno de práctica
© Harcourt • Grado 3

Nombre _____

▶ Usa las palabras del recuadro para completar las oraciones de la primera columna. En la segunda columna separa esas palabras en sílabas.

espejo	espuma	espacial
esperan	espectáculo	espina

1. A los niños les gusta jugar con

_____.   _____

2. Verónica se peina frente al

_____.   _____

3. El _____ comienza   _____

a las seis.

4. La nave _____   _____

Pathfinder viajó a Marte.

5. Me clavé una _____   _____

en la mano.

6. Los niños _____   _____

ganar el campeonato.

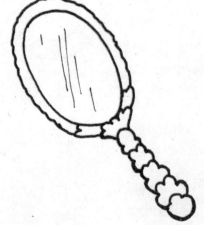

La escuela y la casa

Pida al estudiante que escoja tres palabras que comienzan con -*esp* y que escriba adivinanzas con ellas.

Cuaderno de práctica
© Harcourt • Grado 3

Nombre _____

▶ **Completa la oración sobre cada palabra de vocabulario.**

Parte A

1. Si alguien _____ entonces es una **molestia**.

_____

2. Alguien que siempre se **jactó** de algo probablemente es _____.

_____

3. Cuando alguien tirita y comienza a **temblar** es porque _____.

_____

4. Si tienes un **compromiso** con alguien, debes _____.

_____

5. Si se hace **acopio** de algo, significa que _____.

_____

6. Si una gata es **sedentaria** significa que _____.

_____

 **La escuela y la casa**

Pida al estudiante que piense en diferentes
tipos de compromisos que puede asumir con
los familiares y que haga una lista de esos
compromisos en el reverso de esta página.

224

Cuaderno de práctica
© Harcourt • Grado 3

▶ **Completa el organizador gráfico a medida que leas "La telaraña de Carlota". Luego, responde las preguntas que aparecen a continuación.**

Personajes	Escenario
Wilbur	

Trama

1. ¿Quiénes son algunos de los personajes de este cuento?

   _____

   _____

2. ¿Cuál es el escenario del cuento?

   _____

   _____

3. Escribe un resumen del cuento en una hoja de papel aparte. Usa el

   organizador gráfico como ayuda.

Nombre _____

▶ **Lee cada oración. Observa la palabra en negrita.
Luego escribe una oración con esta palabra, pero
usa un significado *diferente*.**

1. ¡Puedo saltar hasta tres **pies** en el aire!

_____

_____

2. Mi papá tiene un **timbre** de voz muy grave.

_____

_____

3. Mi **banco** está en el medio del salón de clases.

_____

_____

4. Sobre la mesa hay un florero con una **rosa** amarilla.

_____

_____

5. Para hacer un collage, necesitas papeles de colores y **cola**.

_____

_____

6. La **pata** tuvo ocho patitos.

_____

_____

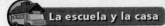

La escuela y la casa

Ayude al estudiante a escoger tres palabras e
inventar una lista de frases descriptivas para
cada una. Por ejemplo: *pies descalzos, rosa
pálido o cola de caballo.*

Cuaderno de práctica
© Harcourt • Grado 3

Nombre _____

▶ **Completa el cuento con las palabras del recuadro.**

espacio	espalda	especial	espesa	espanto
espléndido	espectacular	espinaca	espero	espina

Era de noche y estábamos frente a la fogata dispuestos a escuchar a

Miguel, un campesino que cuidaba las cabañas. Él comenzó a contarnos

un cuento de _____. A medida que contaba el cuento, nosotros

nos juntábamos más y más. Después de un rato no había ni un pequeño

_____ entre nosotros. De repente escuchamos un grito y todos

miramos a nuestras _____ para ver si había algo. Era uno de

los chicos que se había clavado una _____ en un rosal cercano.

Después de ese susto, decidimos dormir todos en la misma cabaña.

Al día siguiente despertamos muy temprano y nos dimos cuenta

de que el amanecer allí era _____. La señora María y Miguel nos

habían preparado un desayuno con pan recién horneado y tortillas de

_____. Además nos sirvieron leche con avena, pero yo la encontré

muy _____. Fue un fin de semana _____. Lo tengo como

un recuerdo muy _____. Ahora _____ volver pronto a ese

estupendo lugar.

Cuaderno de práctica
© Harcourt • Grado 3

Nombre _____

▶ **Vuelve a escribir cada oración, usando el tiempo del verbo indicado entre paréntesis ( ).**

1. La presentación de títeres comenzó a la hora. (tiempo presente)

_____

2. Tenemos muchos amigos en la escuela. (tiempo pretérito)

_____

3. El burrito iba al trote hacia la montaña. (tiempo presente)

_____

4. Aurora dice una gran verdad. (tiempo futuro)

_____

5. Carlota era cariñosa con los animales. (tiempo presente)

_____

6. Vamos en autobús hasta Oklahoma. (tiempo pretérito)

_____

7. Él oyó atentamente las palabras de su padre. (tiempo futuro)

_____

8. Ester nos contó sobre sus nuevas plantas. (tiempo presente)

_____

La escuela y la casa

Pida al estudiante que escoja un verbo irregular de esta lección. Después trabaje con él para que escriba tres oraciones, usando el verbo en un tiempo diferente en cada una de ellas.

Cuaderno de práctica

© Harcourt • Grado 3

Nombre _____

▶ Lee las palabras de ortografía. Clasifícalas y escríbelas donde corresponda.

Palabras que terminan en -ando	Palabras que terminan en -iendo
1. _____	5. _____
2. _____	6. _____
3. _____	7. _____
4. _____	8. _____
	9. _____
	10. _____
	11. _____
	12. _____
	13. _____
	14. _____
	15. _____

Palabras de ortografía

1. temiendo
2. mirando
3. diciendo
4. llenando
5. corriendo
6. repitiendo
7. tejiendo
8. cortando
9. creciendo
10. riendo
11. durmiendo
12. yendo
13. cayendo
14. leyendo
15. pudiendo

 La escuela y la casa

Pregunte al estudiante por qué escribió las palabras de ortografía en cada parte del cuadro. Comente otras palabras que terminen en -ando o -iendo.

Cuaderno de práctica
© Harcourt • Grado 3

► **Lee el siguiente cuento. Después, encierra en un círculo la letra que corresponda a la respuesta más adecuada a cada pregunta.**

Hace mucho tiempo, en China, había dos hermanas que eran tejedoras de seda. Un día, una señora, seguida de numerosos criados, entró en la tienda.

—Quiero una túnica —dijo—. Cada una hilará veinte yardas de la mejor seda que tengan. Después, yo elegiré la que quiera. Vendré a buscarla en dos días.

Las hermanas, Siwo y Sun, se pusieron a trabajar. Durante dos días hilaron seda. Sun alardeaba una y otra vez: —¡Yo trabajo mucho mejor que tú!

Siwo sólo respondía: —Se debe trabajar con cuidado para hilar la seda.

Después de dos días, la señora regresó. Mientras observaba la seda de Siwo, ella se disculpaba: —Sólo logré hilar quince yardas de seda.

—Señora —interrumpió Sun. —¡Yo hilé veinte yardas de seda!

La señora observó la seda de Sun. —Con la seda de Siwo se podrá elaborar la túnica más bonita.

1. ¿Qué palabras del cuento sugieren que la señora es rica e importante?

    A   Las hermanas, Siwo y Sun, se pusieron a trabajar.

    B   Se debe trabajar con cuidado para hilar la seda.

    C   seguida de numerosos criados

2. ¿Qué palabras del cuento sugieren que Sun es vanidosa?

    A   Sun alardeaba una y otra vez.

    B   Con la seda de Siwo se podrá elaborar la túnica más bonita.

    C   La señora observó la seda de Sun.

3. ¿Qué palabras del cuento sugieren que la seda que Siwo había hilado era la mejor?

    A   Quiero una túnica.

    B   Después de dos días, la señora regresó.

    C   Con la seda de Siwo se podrá elaborar la túnica más bonita.

La escuela y la casa

Pida al estudiante que escriba dos hechos del cuento. Luego, ayúdelo a inferir en base a esos dos hechos.

Cuaderno de práctica
© Harcourt • Grado 3

Nombre _____

▶ **Lee el cuento. Escribe en los espacios la palabra que termina en -*ando* que corresponda a la palabra entre paréntesis.**

Ayer mi mamá estaba _____ (comprar) en el supermercado y

recordó que había dejado una ventana abierta. Pensó que nuestro gato

estaría _____ (escarbar) en el basurero. Cuando llegamos

a casa, el gato estaba _____ (esperar) en la puerta. Entró

_____ (ronronear) a la cocina para pedir su alimento. Después

de comer salió _____ (maullar) feliz. Más tarde, mamá empezó

a preparar la cena _____ (cantar) una canción antigua.

Abrió su libro de cocina con cuidado y se dispuso a trabajar.

Comenzó _____ (mirar) los ingredientes que había comprado

y continuó _____ (observar) las instrucciones. Más tarde salió

de la cocina _____ (avisar) que la cena estaba lista. En ese

momento, nuestro gato venía _____ (entrar) con una flor

para mamá.

Pida al estudiante que lea el cuento en voz
alta y que explique cómo formó las palabras
terminadas en -*ando*.

231

▶ **Escribe la letra de la palabra de vocabulario más adecuada para cada definición.**

_____ 1. animales que se cazan como alimento

A espiral

_____ 2. una forma curva que da vueltas

como en el caparazón de un caracol

B social

_____ 3. cortes largos de hilo u otra

materia hilada

C recoge

_____ 4. perteneciente o relativo a una sociedad

D presas

_____ 5. levanta algo que se ha caído

E concavidad

_____ 6. hueco en una superficie

F hebras

La escuela y la casa

Anime al estudiante a incluir en una
conversación tantas palabras de vocabulario
como pueda.

232

Cuaderno de práctica
© Harcourt • Grado 3

▶ Usa el organizador gráfico para registrar hechos
de "Las arañas y sus telarañas". Completa el recuadro
de la izquierda con los datos que ya sepas sobre las arañas. En el
de la derecha, escribe lo que aprendes a medida que leas. Anota las
inferencias en el recuadro inferior.

Lo que tú sabes	Lo que el autor te dice
Los insectos pueden causar enfermedades.	Las arañas capturan insectos.

Inferencias

▶ Escribe un resumen de la lectura con tres de tus inferencias en una
hoja de papel aparte. Usa el organizador gráfico como ayuda.

► **Lee los significados en el siguiente recuadro.**
¿Qué significado de la palabra subrayada se usa en
cada oración? Escribe la letra correspondiente al significado
correcto en el espacio en blanco.

> **A** tono de voz
>
> **B** aparato para llamar
>
> **C** pegamento
>
> **D** el rabo de un animal
>
> **E** argolla que se coloca en la oreja
>
> **F** lugar donde se encesta el balón de básquetbol

1. Toca el timbre para que nos abran la puerta. _____

2. La cantante tiene un timbre de voz muy agradable. _____

3. Necesito cola para arreglar mi barrilete. _____

4. Algunos monos tienen una cola muy larga. _____

5. El aro está muy alto pero pude encestar el balón. _____

6. Se me cayó un aro de la oreja mientras jugaba. _____

La escuela y la casa

Pida al estudiante que use un diccionario
para buscar al menos dos significados para la
palabra *llama*.

234

Nombre _____

▶ **Lee el verbo de la columna de la izquierda. Identifica la palabra raíz y agrégale la terminación *-ando*, *-iendo* o *-yendo* según corresponda. Escribe la palabra que formaste en la columna de la derecha. El primer ejercicio ya se ha completado como ejemplo.**

1. tejer   <u>tej + iendo</u>   <u>tejiendo</u>

2. leer   _____   _____

3. poner   _____   _____

4. abrir   _____   _____

5. cantar   _____   _____

6. saltar   _____   _____

7. dormir   _____   _____

8. vivir   _____   _____

9. caer   _____   _____

10. comprar   _____   _____

La escuela y la casa

Pida al estudiante que lea en voz alta las palabras con *-ando* o *-iendo* de arriba. Después pídale que escriba oraciones con tres de esas palabras.

Nombre _____

▶ **Escribe el adverbio en cada oración. Después escribe el verbo al que modifica.**

1. Mi maestro llegó deprisa a la escuela.

   _____

2. Aprenderemos rápido acerca de los insectos.

   _____

3. Tú escribirás bien la lección.

   _____

4. En la biblioteca converso bajo con mis compañeros de clase.

   _____

▶ **Vuelve a escribir cada oración. Complétala con un adverbio de modo que termina en -mente.**

5. Estas hormigas se desplazan _____ por el terrario.

   _____

6. Juanito tomó _____ los huevos de los insectos.

   _____

7. Ayer observé _____ los insectos con una lupa.

   _____

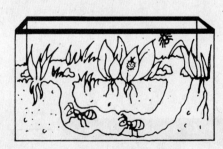

Cuaderno de práctica
© Harcourt • Grado 3

Nombre _____

▶ Lee las palabras de ortografía. Clasifícalas y escríbelas en el grupo que corresponda.

Palabras de tres sílabas

1. _____

2. _____

3. _____

4. _____

Palabras de cuatro sílabas

5. _____

6. _____

7. _____

8. _____

9. _____

Palabras de cinco sílabas

10. _____

11. _____

12. _____

13. _____

14. _____

15. _____

Palabras de ortografía

1. cercanía
2. lejanía
3. alegría
4. cortesía
5. lavandería
6. panadería
7. bebía
8. sabía
9. sentía
10. sufría
11. recitaría
12. patinaría
13. volvería
14. corregiría
15. convertiría

La escuela y la casa

Pida al estudiante que haga una lista de palabras que terminen en -ía. Comente la ortografía correcta de esas palabras.

Cuaderno de práctica

© Harcourt • Grado 3

▶ **Lee el cuento. Luego, responde las preguntas.**

—Pero son las vacaciones —gritó Nico—. ¡No quiero visitar al tío Juan!

—Ni siquiera lo conoces —dijo papá—. Es una persona muy interesante.

Dos semanas después, Nico y su padre estaban mirando la gran y vieja casa del tío Juan en el campo.

—Su casa parece escalofriante —refunfuñaba Nico.

Papá sólo sonrió. —Tío Juan tiene algunas cosas raras. ¡Quizás hasta te enseñe su baúl especial!

—¿A quién le interesa su baúl viejo? —refunfuñaba Nico.

De repente, un hombre muy pequeño y mayor abrió la puerta.

—Tú debes ser Nico —dijo tío Juan—. Te pareces a tu tío Felipe. Fue un famoso alpinista. Escaló cada pico elevado de América del Norte.

—¡Caramba! —dijo Nico. Estaba impresionado de tener un familiar famoso.

Después de cenar, tío Juan abrió un viejo baúl. En él, había dibujos, cartas y hasta artículos de periódicos. Uno por uno, tío Juan le presentó a Nico sus antepasados. Entre ellos había peones, capitanes de barco e incluso la tía Ema, que había vivido hasta los 106 años.

1. ¿Qué dice Nico sobre el tío Juan al comienzo del cuento?

_____

2. ¿Cuál es tu predicción sobre lo que ocurrirá después?

_____

_____

3. ¿Qué pista del cuento te ayudó a predecir?

_____

_____

_____

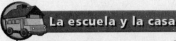

La escuela y la casa

Pida al estudiante que cree un final apropiado
para el cuento.

Cuaderno de práctica
© Harcourt • Grado 3

▶ **Lee cada oración. Subraya el sustantivo con sufijo
-ía. Escribe su significado en el espacio en blanco.**

1. Iremos a la librería a comprar el libro que necesitas.

   _____

2. En este grupo hay mucha alegría y ganas de trabajar.

   _____

3. Marcela se caracteriza por su simpatía.

   _____

4. En la lejanía se observa un barco petrolero.

   _____

5. Esteban compró flores para su abuela en la floristería.

   _____

6. Él tuvo la valentía de enfrentarse a lo que le daba miedo.

   _____

7. Carmen saludó con mucha cortesía a la maestra López.

   _____

8. Lo que más me gusta de la juguetería son los rompecabezas.

   _____

La escuela y la casa

Pida al estudiante que escoja dos sustantivos
con terminación *-ía* y que los use para escribir
dos versos con rima.

239

▶ **Encierra en un círculo la palabra que completa correctamente cada oración.**

1. El plato de espagueti estaba _____ con salsa.

   expandan   salpicado   erupcionan

2. El científico realizó un estudio meticuloso y _____ sobre los volcanes.

   granulosa   preciso   deliberación

3. El azúcar es una sustancia blanca y _____.

   erupcionan   salpicado   granulosa

4. El entrenador convocó mas jugadores para que _____ el equipo.

   expandan   deliberación   preciso

5. El jurado finalmente tomó la decisión después de una larga _____.

   salpicado   preciso   deliberación

6. Cuando los volcanes _____, producen mucha lava.

   preciso   granulosa   erupcionan

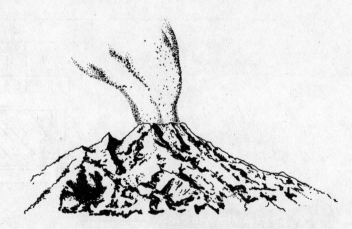

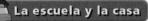

La escuela y la casa

En el reverso de esta página, pida al estudiante que escriba definiciones cortas para cada palabra de vocabulario.

Cuaderno de práctica
© Harcourt • Grado 3

La ficción realista contiene detalles que te ayudan a predecir sucesos futuros. Puedes leer adelante en el cuento para revisar o confirmar tus predicciones.

Comienzo
Predicción:

Mira las ilustraciones y lee las páginas 358 y 359. Usa detalles para predecir lo que sucederá a continuación.

↓

Medio
Confirmar/Revisar la predicción:
Predicción nueva:

Mira las ilustraciones y lee las páginas 373 y 374. Confirma tu predicción.

↓

Final
Confirmar/Revisar la predicción:

Mira las ilustraciones y lee las páginas 360 a 372. Revisa o confirma tu predicción. Haz una predicción nueva sobre lo que sucederá a continuación.

 En una hoja de papel aparte, escribe un resumen de "La feria de ciencias".

Cuaderno de práctica
© Harcourt • Grado 3

▶ **Lee cada homógrafo. Escribe la letra del hómografo que corresponda a cada oración.**

a. cara **b.** pesa **c.** tierra **d.** suerte **e.** plata

1. La _____ es un planeta del sistema solar.

2. En las minas pueden encontrarse oro y _____.

3. La casa que compraron mis padres es muy _____.

4. ¿Cuánto _____ esa caja tan grande?

5. Hubo toda _____ de juegos en la feria.

6. El profesor de gimnasia levanta una _____ de 5 kg.

7. Para sembrar semillas, debes hacer un hueco en la _____.

8. A mi mamá no le gusta gastar _____ en cosas innecesarias.

9. La _____ de mi papá siempre me hace reír.

10. Nunca tengo _____ para volar cometas.

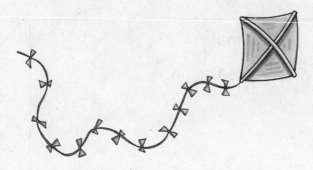

La escuela y la casa

Pida al estudiante que escriba la definición de un homógrafo usando sus propias palabras.

Cuaderno de práctica
© Harcourt • Grado 3

▶ **Completa el cuento con las palabras que
terminan en -*ía* del recuadro.**

decía	encantaría	sabía	formaría	tendría
osadía	cafetería	debía	quedarían	dirigía

Yo _____ que ese día algunos entrenadores se _____

conversando un rato en la _____ después de las prácticas. Por

eso _____ apresurarme para conversar con el señor Suárez.

Él _____ el equipo de natación y se _____ que buscaba

nuevos talentos. Cuando supe que _____ un nuevo grupo para el

campeonato escolar, quise hablar con él. Cuando lo vi, me acerque y

le dije: —¡Me _____ ser parte de su grupo!

    —Me gusta tu _____, muchacho —dijo—. Te espero el sábado

temprano para una prueba.

    Llegué a casa y le conté a mis padres que _____ una gran

oportunidad de ser parte del grupo de natación.

La escuela y la casa

Pida al estudiante que escriba una oración con
cada palabra que usó arriba. (Por ejemplo: Yo no
sabía que estabas en el equipo de natación).

243

Cuaderno de práctica
© Harcourt • Grado 3

▶ **Subraya el adverbio en cada oración. Después escribe si es un adverbio de *lugar, tiempo* o *cantidad*.**

1. Los libros de historia están aquí. _____

2. Mañana estudiaremos los insectos. _____

3. La maestra llegó bastante mojada a causa de la lluvia. _____

4. La escuela se encuentra lejos de mi casa. _____

5. Un atleta corre temprano por la bahía. _____

6. Mamá se levanta apenas suena el despertador. _____

▶ **Vuelve a escribir cada oración. Complétala con un adverbio según lo señalado entre paréntesis.**

7. _____ mismo armaremos nuestra carpa. (lugar)

   _____

8. Hace _____ calor en el desierto. (cantidad)

   _____

9. Mis amigos vienen _____ a casa. (tiempo)

   _____

10. Julieta trabaja _____ en la cafetería. (cantidad)

    _____

La escuela y la casa

Pida el estudiante que escriba tres oraciones
acerca de la escuela. Pídale que use un adverbio
de lugar, otro de tiempo y otro de cantidad.

Cuaderno de práctica
© Harcourt • Grado 3

Nombre _____

▶ **Lee las palabras de ortografía. Clasifícalas y escríbelas en el grupo que corresponda.**

Palabras del espacio que llevan acento escrito

1. _____

2. _____

3. _____

4. _____

5. _____

Palabras del espacio que no llevan acento escrito

6. _____

7. _____

8. _____

9. _____

10. _____

11. _____

12. _____

13. _____

14. _____

15. _____

Palabras de ortografía

1. planeta
2. solar
3. espacial
4. órbita
5. esfera
6. eclipse
7. astronauta
8. cometa
9. estación
10. radiantes
11. satélites
12. remoto
13. astrónomo
14. celestes
15. rotación

La escuela y la casa

Pida al estudiante que escriba oraciones usando las palabras de ortografía. Comente la ortografía de las palabras *órbita* y *eclipse*.

Cuaderno de práctica
© Harcourt • Grado 3

▶ **Lee el cuento. Luego, responde cada pregunta.**

> Vanesa y Caty iban caminando por el parque de regreso a sus casas. Estaban ocupadas charlando y no prestaron atención a donde se encontraban. Justo detrás de las hamacas, había un campo de fútbol. De repente, un objeto de apariencia extraña, de tipo OVNI, cayó en el medio del campo. No emitió ningún sonido y, de todas formas, las niñas estaban demasiado ocupadas para notarlo. Ellas sólo seguían caminando y hablando. Luego, justo cuando pasaban por el objeto extraño, comenzaron a salir voces de él.
>
> —¿Escuchas algo? —preguntó Vanesa.

1. ¿Qué sucederá a continuación?

_____

_____

2. ¿Qué pistas en el cuento te ayudaron a predecir?

_____

_____

3. ¿Qué elementos de tu experiencia te ayudaron a hacer la predicción?

_____

_____

La escuela y la casa

Lea el cuento con el estudiante. Luego, trabajen en conjunto para escribir un final. Asegúrese de señalar pistas en el cuento que lo ayudaron a predecir.

▶ **En cada oración hay una palabra del espacio con diptongo. Subraya la palabra y después sepárala en sílabas en el espacio en blanco.**

1. Hoy el cielo está despejado. _____

2. Desde el techo de la casa vimos aterrizar una nave espacial.

   _____

3. En un planetario conocerás los planetas del sistema solar.

   _____

4. El astronauta se prepara para ir a la Luna. _____

5. La rotación da origen al día y la noche. _____

6. Aquella estrella se ve muy radiante. _____

7. Un asteroide es una roca grande que viaja por el sistema solar.

   _____

8. Con un telescopio puedes ver la Luna con claridad.

   _____

La escuela y la casa

Pida al estudiante que explique cómo
determinó la palabra que debía subrayar en
cada oración.

Cuaderno de práctica
© Harcourt • Grado 3

▶ **Usa una palabra de vocabulario para completar cada oración.**

> gira   constante   refleja
> superficie   evidencia   despejada

1. De noche, vemos la Luna porque _____ la luz del Sol.

2. Toda la _____ sugirió que no había descubierto un

planeta nuevo.

3. Cuando tocas el globo terráqueo del salón de clases, éste

_____.

4. Mi papá siempre maneja a una velocidad _____

por precaución.

5. ¡Es hermoso ver las estrellas en una noche _____!

6. La _____ de esa mesa es lisa.

La escuela y la casa

Pida al estudiante que haga una
representación dramática de las palabras
gira y *constante*.

Cuaderno de práctica
© Harcourt • Grado 3

▶ Usa el organizador gráfico para registrar lo que ya sabes sobre los planetas. Coloca esta información debajo de *Lo que sé.* Luego, escribe preguntas sobre lo que quieres saber acerca de los planetas. Coloca las preguntas debajo de *Lo que quiero saber.* Después de leer, escribe lo que has aprendido de "Los planetas" debajo de *Lo que aprendí.*

Lo que sé	Lo que quiero saber	Lo que aprendí	
En el cielo, hay planetas, estrellas, el Sol y el Luna.	¿En qué se diferencia un planeta de una estrella?	Un planeta puede verse porque refleja la luz del Sol. Una estrella genera luz propia.	p. 391
			p. 394
			pp. 396–405

▶ En una hoja de papel aparte, escribe un resumen de la lectura, incluyendo datos que hayas aprendido sobre los planetas. Usa el organizador gráfico como ayuda.

Nombre _____

▶ **Lee cada oración. Luego, traza una línea para unir el homógrafo subrayado con la definición correcta.**

1. La <u>fuente</u> que consultó está
   en la biblioteca.

   material que proporciona
   información

   aparato de donde sale agua

2. Papá comenzó a construir la <u>cerca</u>.

   corta distancia

   muro

3. Lijaremos la pared hasta que
   quede <u>pareja</u>.

   de a dos

   lisa

4. Tu vestido <u>rosa</u> es hermoso.

   color

   flor

5. La <u>pata</u> de la mesa está rota.

   hembra del pato

   soporte de la mesa

Cuaderno de práctica
© Harcourt • Grado 3

Nombre _____

▶ **Une con una línea cada palabra con su significado. Después escoge tres palabras y escribe una oración con cada una.**

1. estrellas	persona que viaja al espacio
2. astrónomo	viaje de un planeta alrededor del Sol
3. planeta	movimiento de los planetas alrededor de sus ejes
4. cometa	cuerpo que gira alrededor del Sol
5. astronauta	cuerpo más pequeño que un planeta
6. rotación	todo lo celeste que rodea a la Tierra
7. asteroide	astro luminoso que tiene cola
8. eclipse	cuerpos celestes que brillan en la noche
9. órbita	cuando un cuerpo oculta a otro
10. cielo	persona que estudia los astros

1. _____

2. _____

3. _____

La escuela y la casa

Pida al estudiante que escriba una oración y que incluya dos palabras de arriba. (Por ejemplo: *El astrónomo estudió la órbita que siguió el cometa*).

Cuaderno de práctica

Nombre _____

▶ **Vuelve a escribir cada oración correctamente.**

1. en la ciudad de nueva york hay grandes museos

   _____

2. los planetas mercurio, venus, y la tierra son los más cercanos al sol.

   _____

   _____

3. Baja de ahí Manuel que te caes!

   _____

4. no pierdas mis tarjetas por favor

   _____

5. iremos a comprar frutas verduras cereales, y golosinas.

   _____

6. ¿Dónde están mis Libros.

   _____

7. thomas edison un científico nació en Ohio

   _____

8. Qué frío hace este Invierno.

   _____

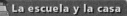
La escuela y la casa

Escriba tres oraciones. Una debe tener una coma, otra más de una coma y otra debe ser una pregunta. Léalas en voz alta y anime al estudiante a escribirlas correctamente.

Cuaderno de práctica
© Harcourt • Grado 3

Nombre _____

▶ **Parte A. Separa las palabras en sílabas.**

1. espacial   _____

2. espejismo   _____

3. espeso   _____

4. espléndido   _____

5. esperanza   _____

▶ **Parte B. Usa las palabras de la Parte A para completar las siguientes oraciones.**

1. Para que el chocolate no quede tan _____,

   le agregamos un poco de leche.

2. El grupo de teatro es _____ y la obra estuvo

   fantástica.

3. Natalia tiene la _____ de estar mejor para el fin

   de semana.

4. Nos pareció ver un _____ en el desierto.

5. Vimos el lanzamiento de la nave _____ por la

   televisión.

La escuela y la casa

Pida al estudiante que diga el significado de las palabras de la Parte A. Dígale que las verifique en un diccionario si es necesario.

253

Cuaderno de práctica
© Harcourt • Grado 3

Nombre _____

▶ **Lee el cuento. Observa el verbo entre paréntesis.**
Escribe palabras que terminan en -ando, -iendo
para completar el cuento.

Ayer por la tarde estuvimos _____ nuestras vacaciones.
(planear)

Mamá dice que tenemos que decidir pronto el lugar porque estaríamos

_____ en un mes más. Estamos _____ viajar a
(salir) (pensar)

Guatemala, donde hace siglos estuvieron _____ los mayas.
(vivir)

Me imagino _____ uno de sus volcanes. Debe ser
(subir)

maravilloso estar _____ el paisaje desde lo alto de un cerro.
(observar)

El año pasado viajamos a las cataratas del Niágara junto al primo

Felipe. Él sacó muchas fotos. En una de ellas mi hermano sale

_____ detrás de unos pájaros. Se veía muy gracioso. En otra
(correr)

foto papá estaba _____ con uno de los guardias de un parque
(conversar)

mientras mamá estaba _____ un mapa del lugar.
(revisar)

La escuela y la casa

Pida al estudiante que explique por qué
agregó cada terminación a las palabras entre
paréntesis.

254

Cuaderno de práctica
© Harcourt • Grado 3

Nombre _____

▶ **Subraya la palabra que termina en -ía en cada oración. Escribe el significado de la palabra en el espacio en blanco.**

1. La panadería está abierta desde muy temprano en la mañana.

   _____

2. Mi abuelo tenía muchas fotos de sus viajes a África.

   _____

3. Marcela me dijo que caminaría hasta su casa.

   _____

4. La cafetería del aeropuerto siempre está llena de extranjeros.

   _____

5. El joven comía un trozo de pastel de chocolate.

   _____

6. Yo viajaría a la India si mis padres me dieran permiso.

   _____

La escuela y la casa

Pida al estudiante que escriba un párrafo corto
y que incluya tres de las palabras subrayadas
de arriba.

Cuaderno de práctica
© Harcourt • Grado 3

Nombre _____

▶ **Usa las pistas para completar el crucigrama.**

Horizontal

1. cuerpo celeste que gira alrededor del Sol

5. luces que se ven en las noches despejadas

7. persona que estudia los planetas y las estrellas

8. se dice de la luz de las estrellas en el espacio

Vertical

2. persona que viaja al espacio

3. sucede cuando se oculta el Sol o la Luna

4. se dice de algo que es como una pelota

6. cuerpo celeste con una cola brillante

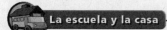

La escuela y la casa

Pida al estudiante que escriba el titular de una noticia relacionada con el espacio.

Cuaderno de práctica
© Harcourt • Grado 3

▶ **Parte A. Traza una línea para unir cada palabra de vocabulario con su definición.**

1. descubrió

2. confirmar

3. aumentar

4. pintoresca

5. genera

6. salvaguardarnos

a. protegernos

b. agrandar

c. hace o crea

d. asegurar

e. encontró algo nuevo

f. que llama la atención

▶ **Parte B. Escribe las respuestas a las preguntas en los espacios en blanco.**

1. ¿De qué tres formas puedes confirmar que estuvo nevando afuera?

_____

_____

2. Si un científico descubrió un nuevo cometa, ¿cómo lo hizo?

_____

_____

La escuela y la casa

Pida al estudiante que nombre un lugar en donde se puede encontrar una máquina que produzca nieve.

Nombre _____

▶ **Lee el cuento. Luego, responde las preguntas en los espacios en blanco.**

> Ada soltó su mochila y se sentó. Tenía el rostro rojo y brillante, y se secó el sudor de la frente.
>
> —Ada, ¿qué sucede? —le preguntó su hermano Carlos.
>
> Ada se sirvió un vaso de agua y se la bebió toda.
>
> —¡El entrenador nos hizo correr cuatro carreras más!
>
> Carlos colocó unos cubitos de hielo en el vaso de Ada. —Parece que el entrenador nuevo es bastante estricto con el equipo
>
> —Nos estamos preparando para el gran juego de la semana que viene —contestó Ada. Tiró la cabeza hacia atrás y cerró los ojos.
>
> —¿Estás nerviosa? —preguntó Carlos.
>
> —No, todavía no —dijo Ada.

1. ¿Cómo piensas que se siente Ada? ¿Cómo lo sabes?

_____

_____

_____

2. ¿Qué piensas que Carlos siente por Ada?

_____

_____

_____

3. ¿Cómo piensas que se sentirá Ada el día del gran juego? ¿Por qué piensas eso?

_____

_____

_____

La escuela y la casa

Pida al estudiante que le comente los hechos que le ayudaron responder estas preguntas. Por ejemplo, Ada está cansada porque está sudando.

258

▶ **Lee el cuento. Luego, responde cada pregunta.**

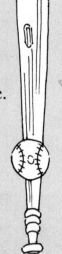

Ramiro bateó de nuevo y erró el lanzamiento.

—Nunca voy a pegarle a la pelota —gritó, dando pisotones.

—Sólo mantén tus ojos en ella —le dijo su hermana.

—¡Estoy manteniendo los ojos en la pelota! —gritó Ramiro.

—Tienes que relajarte. Cierra los ojos y respira profundamente.

Ramiro bajó el bate y cerró los ojos. Respiró profundamente y sintió el aroma fresco del césped y los árboles.

—Ahora piensa que te estoy tirando la pelota. La ves venir lentamente. Ahora golpeas la pelota. Vuela hacia el jardín izquierdo. ¿Listo?

Ramiro asintió con la cabeza y abrió los ojos. Bateó un par de veces. Su hermana le tiró la pelota.

1. ¿Cuál es el problema de Ramiro en el cuento?

_____

_____

2. ¿Qué hace Ramiro para solucionar el problema?

_____

_____

3. ¿Qué piensas que sucederá a continuación en el cuento? ¿Por qué?

_____

_____

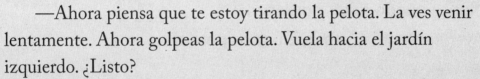
La escuela y la casa

Pida al estudiante que escriba un párrafo para continuar el cuento.

Cuaderno de práctica
© Harcourt • Grado 3

Nombre _____

▶ **Lee cada oración. Luego, determina en qué
oración se usa la palabra con el mismo sentido
que tiene la palabra subrayada. Encierra en un
círculo la letra de la respuesta que corresponda.**

1. En el <u>banco</u>, pagaré todas las cuentas.

    A   A mi perro le gusta dormir en el banco de la plaza.

    B   Mamá se fue al banco a hacer unos trámites.

2. El <u>aro</u> del salón de gimnasia está muy alto.

    A   Nunca puedo saltar por el aro.

    B   Ayer encontré el aro que habías perdido.

3. A Dani le regalaron una <u>muñeca</u> hermosa.

    A   Mi hermanito se quebró la muñeca.

    B   La muñeca estaba en el estante de arriba.

4. El <u>timbre</u> de mi casa no funciona.

    A   La maestra tiene un timbre de voz muy fuerte.

    B   Todos salimos corriendo cuando alguien toca el timbre.

5. Los rayos del Sol son muy <u>brillantes</u>.

    A   Mi papá le regaló un anillo de brillantes a mi mamá.

    B   Los colores de la pintura son muy brillantes.

6. La <u>cola</u> de mi perro es muy cortita.

    A   Necesito cola para pegar el papalote.

    B   Con la maestra siempre jugamos a ponerle la cola
        al cerdo.

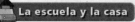

La escuela y la casa

Pida al estudiante que escriba una oración
en la que use el significado de la palabra
brillantes en la primera oración del ejercicio 5.

Cuaderno de práctica
© Harcourt • Grado 3

▶ **Lee cada oración. Luego, escribe una segunda oración usando un significado diferente del homógrafo subrayado.**

1. Antiguamente se usaban plumas para escribir.

   _____

   _____

2. En el zoológico, había un perezoso de América del Sur.

   _____

   _____

3. Las llamas generalmente viven en regiones secas.

   _____

   _____

4. Las velas de los barcos flamean con el viento.

   _____

   _____

5. Mi abuela siempre tuvo problemas con la vista.

   _____

   _____

6. La lengua de un pueblo es un rasgo distintivo.

   _____

   _____

La escuela y la casa

Genere un glosario de homógrafos con el
estudiante usando las palabras anteriores.
Pídale que escriba la palabra subrayada y luego
las definiciones que correspondan.

261

▶ **Dobla la hoja por la línea punteada. A medida que el maestro lea en voz alta cada palabra de ortografía, escríbela en el espacio. Después, desdobla la hoja y comprueba tu trabajo. Como práctica, escribe correctamente las palabras que escribiste con errores.**

1. _____
2. _____
3. _____
4. _____
5. _____
6. _____
7. _____
8. _____
9. _____
10. _____
11. _____
12. _____
13. _____
14. _____
15. _____

Palabras de ortografía

1. espectadores
2. espejo
3. espigas
4. cortando
5. tejiendo
6. leyendo
7. durmiendo
8. riendo
9. panadería
10. sabía
11. sufría
12. patinaría
13. volvería
14. celestes
15. astrónomo

▶ **Lee esta parte del borrador de un estudiante.**
Después responde las preguntas a continuación.

---

(1) Recuerdo perfectamente el último paseo al zoológico. **(2)** Mis compañeros y yo estuvimos allí durante dos horas el domingo pasado. **(3)** Primero vimos detenidamente los leones y los tigres. **(4)** Los simios se ponen inquietos con nosotros. **(5)** Y no _____ ver bien a sus bebés. **(6)** _____, iré de nuevo esta tarde con mis padres.

---

1. ¿Qué verbo en pretérito completa el espacio en blanco de la oración 5?

   A podimos

   B podemos

   C pudimos

   D pueden

2. ¿En qué oración hay un verbo irregular en presente?

   A oración 5

   B oración 3

   C oración 2

   D oración 6

3. ¿Qué forma del pretérito podría reemplazar al verbo subrayado en la oración 4?

   A ponieron

   B ponió

   C pusieron

   D posieron

4. ¿Qué oración tiene un adverbio de modo que no termina en -*mente*?

   A oración 5

   B oración 4

   C oración 3

   D están 2

5. ¿Qué oración NO tiene un adverbio?

   A oración 3

   B oración 4

   C oración 1

   D oración 5

6. ¿Qué adverbio de modo puede ir en el espacio en blanco de la oración 6?

   A Felizmente

   B Lentamente

   C Despacio

   D Mejor

▶ **Lee esta parte del borrador de un estudiante.
Después responde las preguntas a continuación.**

> **(1)** Mi gatita sofi es una comilona. **(2)** No le basta con tomarse toda
> la leche **(3)** Después come cereales, crema, y chocolates. **(4)** Ni hablar
> del pescado que le da la vecina Marta! **(5)** No creen ustedes que come
> demasiado? **(6)** Su veterinario, don Miguel, tuvo que ponerla a dieta.

1. ¿Qué oración tiene un adverbio de cantidad?

   A oración 1　　　　　　C oración 4

   B oración 3　　　　　　D oración 5

2. ¿En qué oración hay un adverbio de tiempo?

   A oración 1　　　　　　C oración 3

   B oración 2　　　　　　D oración 4

3. ¿Qué oración no tiene un adverbio?

   A oración 6　　　　　　C oración 3

   B oración 4　　　　　　D oración 1

4. ¿En qué oración hay una coma de más?

   A oración 6　　　　　　C oración 4

   B oración 5　　　　　　D oración 3

5. ¿En qué oración hay un sustantivo propio mal escrito?

   A oración 6　　　　　　C oración 5

   B oración 1　　　　　　D oración 4

6. ¿Qué oración está correctamente escrita?

   A oración 5　　　　　　C oración 6

   B oración 2　　　　　　D oración 4

Índice

COMPRENSIÓN

Causa y efecto 194, 202, 219

Comparar y contrastar 134, 142, 168

Hechos y opiniones 46, 54, 80

Idea principal y detalles 62, 70, 87

Inferir 222, 230, 256

El mensaje del autor 182, 190, 215

Predecir 238, 246, 263

El propósito del autor 106, 114, 131

Secuencia 178, 186, 212

Seguir instrucciones 154, 162, 176

DESTREZAS DE INVESTIGACIÓN E INFORMACIÓN

Consultar fuentes de referencia 66, 74, 88

Localizar información 18, 26, 43

Usar el orden alfabético 6, 14, 39

Usar elementos gráficos 110, 118, 132

Usar un diccionario 22, 30, 44

FONÉTICA

Combinaciones de consonantes *pl, bl* 27, 41

Combinaciones de consonantes *pl, bl, cl, fl* 31, 41

Combinaciones de consonantes *pr, br* 11, 15, 35

El sufijo *-mente* 203, 207, 217

La letra *h* 71, 75, 85

Los monosílabos 179, 183, 209

Palabras agudas 143, 147, 167

Palabras con *b* 187, 191, 211

Palabras con *c, s, z* 91, 95, 121

Palabras con el patrón silábico VC/CV 3, 7, 33

Palabras con *ge, gi, ja, je, ji, jo, ju* 47, 51, 77

Palabras con *ia, ie, io* 19, 38

Palabras con *ia, ie, io* 23, 38

Palabras con *ll, y, ua, ue, ui* 55, 59, 79

Cuaderno de práctica
© Harcourt • Grado 3

Palabras con patrón silábico VC/CV 7, 33

Palabras con *ua, ue, ui* 63, 67, 82

Palabras del calendario 135, 139, 165

Palabras en plural: terminación *-s, -es, -ces* 99, 103, 123

Palabras esdrújulas 159, 163, 173

Palabras llanas 151, 155, 170

Palabras del espacio 247, 251, 261

Palabras que comienzan con *esp-* 223, 227, 253

Palabras que terminan en *-ado* y *-ada* 195, 199, 214

Palabras que terminan en *-ando, -iendo* 231, 235, 255

Palabras que terminan en *-ar, -er, -ir, -al, -il* 115, 119, 129

Palabras que terminan en *-ía* 239, 243, 258

Palabras que terminan en *-nte* 107, 111, 126

GRAMÁTICA

Abreviaturas 68, 86

Adjetivos 140, 169

Adjetivos comparativos y superlativos 148, 169

Adverbios de tiempo y lugar 244, 262

El adjetivo 120

El adverbio 236, 257

El artículo 156, 174

El sustantivo

   Los pronombres posesivos 96, 125

   Los sustantivos en singular y plural 76, 86

   Sustantivo propio y sustantivo común 60, 81

Las partes de la oración: Sujeto y predicado 24, 42

Oraciones

Puntuación 252, 262

Pronombres

   El pronombre de complemento 112, 130

   Los pronombres personales 104, 125

Sujeto y predicado compuestos 32, 42

   La oración; oraciones declarativas e interrogativas 8, 37

   Las oraciones simples y compuestas 52, 81

   Oraciones imperativas y exclamativas 16, 37

Verbos

   Los verbos irregulares en presente y pretérito 228, 257

   Los verbos principales y auxiliares 192, 213

Cuaderno de práctica
© Harcourt • Grado 3

Los verbos regulares en tiempo presente 200, 218

Los verbos regulares en tiempo pretérito y futuro 208, 218

Los verbos *ser* y *estar* 184, 213

Verbos de acción 164, 174

ORTOGRAFÍA

Combinaciones de consonantes *pl, bl, cl, fl* 25, 34

Combinaciones de consonantes *pr, br, cr, tr* 9, 34

El sufijo *-mente* 201, 210

Homófonos 198, 206, 220

Las letras *h, ll, y* 69, 78

Los monosílabos 177, 210

Palabras agudas 141, 166

Palabras con *b* y *v* 185, 210

Palabras con *c, s, z* 89, 122

Palabras con el patrón silábico VC/CV, combinaciones de consonantes *pr, br, cr, tr* 1, 34

Palabras con *ge, gi, ja, je, ji, jo, ju, ll, y* 45, 78

Palabras con *ia, ie, io* 17, 34

Palabras con *ll, y* 53, 78

Palabras con *ua, ue, ui, ll, y* 61, 78

Palabras con varios significados 226, 234, 259

Palabras del calendario 133, 166

Palabras del espacio 245, 254

Palabras en plural: terminaciones *-s, -es, -ces* 97, 122

Palabras esdrújulas 157, 166

Palabras llanas 149, 166

Palabras que comienzan con *esp-* 221, 254

Palabras que terminan en *-ado* y *-ada* 193, 210

Palabras que terminan en *-ando, -iendo* 229, 254

Palabras que terminan en *-ar, -er, -ir, -al, -il* 113, 122

Palabras que terminan en *-ía* 237, 254

Palabras que terminan en *-nte* 105, 122

Prefijos y sufijos 138, 146, 171

Sinónimos y antónimos 50, 58, 83

Usar las claves de contexto 94, 102, 127

Vocabulario de las lecturas 4, 12, 20, 28, 40, 48, 56, 64, 72, 84, 92, 100, 108, 116, 128, 136, 144, 152, 160, 172, 180, 188, 196, 204, 216, 224, 232, 240, 248, 260

Cuaderno de práctica
© Harcourt • Grado 3

RESPUESTA Y ANÁLISIS LITERARIO

Personajes y escenario 2, 10, 36

Tema 150, 158, 175

Trama 90, 98, 124

VOCABULARIO

Homófonos 198, 206, 220

Homógrafos 242, 250, 264

Palabras con varios significados 226, 234, 259

Prefijos y sufijos 138, 146, 171

Sinónimos y antónimos 50, 58, 83

Usar claves de contexto 94, 102, 127

Vocabulario de las lecturas 4, 12, 20, 28, 40, 48, 56, 64, 72, 84, 92, 100, 108, 116, 128, 136, 144, 152, 160, 172, 180, 188, 196, 204, 216, 224, 232, 240, 248, 260

Cuaderno de práctica
© Harcourt • Grado 3